一人一技一生

三秦非遗守艺人

饮食篇

古艺醇味
历久弥香

华洁——主编

陕西新华出版传媒集团
陕西人民教育出版社
·西安·

图书在版编目（CIP）数据

一人，一技，一生：三秦非遗守艺人．饮食篇：古艺醇味　历久弥香 / 华洁主编．-- 西安：陕西人民教育出版社，2022.3
ISBN 978-7-5450-8535-8

Ⅰ．①一…　Ⅱ．①华…　Ⅲ．①非物质文化遗产-介绍-陕西②饮食-文化-介绍-陕西　Ⅳ．①G127.41 ②TS971.202.41

中国版本图书馆CIP数据核字（2021）第250360号

一人　一技　一生　三秦非遗守艺人

饮食篇　古艺醇味　历久弥香

YIREN YIJI YISHENG SANQIN FEIYI SHOUYIREN

YINSHI PIAN GUYICHUNWEI LIJIUMIXIANG

华洁　主编

出　版	陕西新华出版传媒集团 陕西人民教育出版社
发　行	陕西人民教育出版社
地　址	西安市丈八五路58号
经　销	各地新华书店
印　刷	佛山市华禹彩印有限公司
开　本	170 mm × 240 mm　1/16
印　张	14.5
字　数	290千字
版　次	2022年3月第1版
印　次	2022年3月第1次印刷
书　号	ISBN 978-7-5450-8535-8
定　价	58.00元

序

讲好陕西非遗故事

中华传统文化源远流长，作为中华文明绵延传承的生动见证，非物质文化遗产以其丰富多彩的表现形式体现了中华民族非凡的智慧和伟大的创造力，联结和维系着各族人民世代相承的精神情感。以民间文学、民间音乐、民间舞蹈、传统戏剧、曲艺、竞技、民间美术、传统手工技艺、传统医药、民俗活动等文化表现形式传承的非物质文化遗产，不但是我们国家和民族的骄傲，而且是全人类的共同财富。

如今的中国正处于一个日新月异的时代，科技在不断进步与发展，诞生于农耕社会的非物质文化遗产所依存的自然生态和人文环境在不停地发生着变化。在现代化的滚滚浪潮面前，非物质文化遗产依然体现着重要的价值与地位。

陕西，是中华民族及华夏文明的重要发祥地之一。悠久的历史、深厚的文化底蕴和独特的地理位置，孕育出了丰富多彩、特色鲜明的民间文化，使陕西成为全国非物质文化遗产的重要代表地域。

陕西的非遗保护工作已经走过了十几个年头，十几年的工作经验告诉我们，非遗存续的根本主体是传承人，保护非遗首先要对传承人的技艺与记忆进行真实记录，这项工作对保护、传承非遗具有极其重要的作用。

高尔基曾说："一个民间艺人的逝世，相当于一座小型博物馆的毁灭。"随着传承人年事渐高，许多非遗项目正面临"人在艺在，人亡艺绝"的危机。

一个民族的复兴需要强大的物质力量，也需要强大的精神力量。非物质文化遗产是祖先留给我们的宝贵财富，是中华民族代代相传的情感记忆和特有的行为方式，保护非物质文化遗产就是保护中华民族的根与魂。

2021年国庆节前夕，当《一人，一技，一生：三秦非遗守艺人》丛书的样书摆在我面前时，我被深深地打动了。这套书由陕西聚力传承文化创意传播有限公司董事长华洁主编，陕西人民教育出版社出版，设计精美、图文并茂，我为又一套讲述陕西非遗故事图书的即将问世感到欣慰，更对华洁宣传陕西非遗、讲述陕西非遗故事的行为发自内心地赞赏。

认识华洁已有两年多时间。第一次应邀去她的公司，观赏由她带领的团队刚拍摄制作完成的秦腔传承人李爱琴、西安鼓乐传承人何忠信、凤翔木版年画传承人邰立平等的微纪录片，听她讲，要拍摄100集，以视频的方式让陕西非遗走向海内外，我就感到这是一个想为陕西文化传播做事的人，她带领的团队也是一个有实力的、专业的团队。

我在文化部门工作多年，曾参与过非物质文化遗产立法、保护和传承的相关工作，这份难以割舍的情怀也让我开始关注华洁和她领导的团队所做的事情。

在与华洁的接触中，我感到她对非遗有着强烈的情感和责任心。她从经济效益好的广告传媒行业转行进入公益性强，需投入大量精力、人力的非遗保护领域，这对一位民营企业家来说是需要勇气的。然而，陕西丰厚的非遗资源吸引着她，陕西众多非遗传承人的生存状况更是让她常常牵挂，于是她毅然从北京回到西安，重新创业，同时担任了陕西省旅游协会非物质文化遗产分会会长，以满腔热情和强烈的责任感为陕西非遗的保护与传播四处奔走。

《一人，一技，一生：三秦非遗守艺人》丛书可以说是华洁和她的团队在保护、宣传陕西非遗方面取得的又一成果，也是陕西非遗保护工作的新收获。这套书内容丰富，形式新颖，不仅图文并茂，而且配有影像视频；不仅文字优美，而且有传承人的口述内容，真实可感。这套书可以让我们走近陕西非遗传承人，了解他们精湛的技艺，领略他们精彩的故事，激发我们保护好中华民族精神家园的决心。

希望《一人，一技，一生：三秦非遗守艺人》丛书的出版，能够唤起人们对非物质文化遗产保护的意识，让更多的人加入到非遗保护的队伍中来，把中国优秀文化遗产传承下去，不辜负时代使命，不愧对祖先和子孙后代。

蒋惠莉

2021 年 10 月 6 日于西安

（作者为文化和旅游部公共服务专家委员会委员，陕西省作家协会原党组书记、常务副主席，曾任陕西省政府参事、陕西省文化厅副厅长等职）

目录

以初心·致匠心

壹

陕西官府菜制作技艺·郑新民

五十年情系陕菜，历半生倾心传承

我觉得做菜也有诀窍，这个诀窍是什么呢？就是用心。做菜要用心，要随时动脑子，还要掌握每种原材料的属性，知道它们适用于哪种烹调技法，适用于哪种调料，这样才能把菜做好。

——郑新民

扫描二维码
欣赏传承人微纪录片

陕西官府菜——珠联璧合

项目背景

陕西官府菜制作技艺

陕西是中华文明的发祥地之一，孕育了数千年的传统饮食文化，形成了中国最古老的菜系之一——陕菜。据考证，陕菜起源于西周，发展于秦汉，成熟于隋唐，包含了宫廷菜、官府菜、市肆菜、民间小吃等流派，而这当中，尤以官府菜为集大成者。陕西官府菜始于西周宫廷宴“周八珍”，唐代以前与宫廷菜并行，唐代以后逐渐与宫廷菜合流，清末至新中国成立初期被称为衙门菜，1991年改名为陕西官府菜。

清末民初，一部分官府衙门的厨师走向社会，将陕西官府菜带至民间，其中最有名的当属李芹溪在钟楼附近开办的曲江春酒家和张发衡在甜水井开办的天和兴饭馆，李、张二人成为陕西官府菜近代的第一代传人。

陕西官府菜在制作过程中有很多独特的技法，如刀工中的整料出骨、各种花刀（菊花花刀、麦穗花刀、佛手花刀等）；瓢工中的“花打四门”“飞火炒菜”“大翻”等技艺；制汤技术和烹调中的煨、炝、烀、烩、酿、熘等，都为达到其独特风味——“淡烂”提供了有力的保证。味淡而不薄、形整而质烂，是陕西官府菜有别于其他菜系的最大特色。

选料的高档、精、严是制作陕西官府菜的重中之重。与此同时，陕西官府菜做工精细，造型美观、生动、典雅，上菜的次序和摆放讲究而庄重，具有很高的形式美。这种内容和形式上的高度统一，使陕西官府菜成为中国餐饮文化中的一颗明珠。

2011年，经陕西省人民政府批准，陕西官府菜制作技艺被列入陕西省第三批非物质文化遗产名录。

2012年，郑新民入选为陕西省第三批非物质文化遗产项目陕西官府菜制作技艺代表性传承人。

匠人故事

兴趣是最好的老师

1954年，郑新民出生于西安市长安县（今西安市长安区）一个普通的农户家庭，父母都是农民。

郑新民：在农村，男人一般不做饭，而我父亲却经常做饭，也爱做饭，他做饭的水平是相当高的。

郑新民受父亲的影响从小也爱做饭，大人不教他就自己摸索着做。七八岁的时候，郑新民经常从水渠里逮一些鱼虾、螃蟹回来，但是他的爷爷不喜欢吃这些，郑新民只能背着他做。

农村的大锅除了做饭、炒菜以外还要烧开水，如果做了鱼虾，锅里就会有腥味，烧出来的水肯定也会有腥味，所以郑新民只能偷偷用炒菜的大铁勺烹煮。就这样，还是被爷爷发现了，他受到了严厉的训斥。从那以后，郑新民就想方设法地把逮来的鱼虾、螃蟹带到外面做，并试着给食材里下佐料。一点盐、一点油、一点醋……在他的捣鼓下，味道竟然还不错。于是，他经常把做好的鱼虾、螃蟹分给伙伴们吃，得到了大家的一致肯定。

勤奋踏实的学徒生涯

1970年，西安市商业系统到村上招工，刚刚初中毕业的郑新民被录用，分到了西安市同兴楼饭店工作。同兴楼饭店不是很大，只有两个炒菜师傅，一个上早班，一个上下午班。当时有三个人被分到这家饭店，郭良辉学面案，崔严良和郑新民学炒菜。

郑新民：刚参加工作的时候我只有16岁，那会儿我经常是下午班早来，早班迟走。为啥？自己总想着多学些东西。师傅叫干啥我就干啥，师傅没让干而我觉得应该干的，也干。生火、掏煤、筛炉灰，啥活儿都干。

除了倒垃圾、掏煤、筛炉灰、择菜这些工作以外，郑新民还得苦练基本功。他满心羡慕地看着师傅们拿炒瓢翻菜，前翻后翻、左翻右翻，灵活自如，花打四门，他渴望练就那样的手艺。郑新民不敢拿菜练，就弄些炉灰倒入瓢中，反复练习翻炒瓢，胳膊都肿了还舍不得放下，身上的汗水常常湿透了衣服。

郑新民在同兴楼饭店工作

瓢工练好了，他又开始练刀工。可要掌握一手过硬的操刀本领，绝非一蹴而就的易事。老师傅切鲜皮丝、腰丝、腰花、鱿鱼丝切得非常漂亮，他虽眼馋却没有什么练习对象，内心逐渐焦灼起来。于是，他开始拿青笋叶子、烂菜叶子切，甚至连报纸也切。最后切得上了瘾，见什么都想切。

郑新民：那会儿我在凉菜房卖酱菜，切得没有啥可切了，看到一张张毛毛钱，不由地就想练。短刀切，切出来以后再切竖花刀，切竖花刀讲究一刀一半，半面不切，粘到一块儿还能用。

十六七岁的郑新民一心练刀工，却没想到他这样做会酿成大错。过了些天，饭店把营业款交到银行，银行的工作人员发现钱被破坏了，当时就要追责。

郑新民：我们主任恳切地跟银行的工作人员解释，说这娃是练刀工“走火入魔”，把人民币当成菜来练了。最后经过一番批评和检讨，总算把这件事了了。

郑新民所在的饭店对面有一个肉铺子，为了熟练掌握剔肉技术，他每天天不亮，就去认真观察肉铺师傅剔肉。那师傅剔下的肉，骨不带肉，肉不带骨，剔得很是利落。郑新民不仅揣摩肉铺师傅的技艺，还自己摸索改进，剔肉水平突飞猛进。

通过勤学苦练，郑新民年纪轻轻就已经熟练掌握了瓢工、刀工等基本功，为今后的厨师生涯打下了坚实的基础。

与陕西官府菜的不解之缘

在同兴楼饭店工作一年多以后，郑新民参加了西安市红卫区（今西安市莲湖区）举办的烹饪培训班。就是这次培训，郑新民遇到了恩师张生财和靳宣敏，从此便与陕西官府菜结下了不解之缘。

培训班采取的是理论与实践相结合的教学方式，在张生财、靳宣敏等8

位师傅整整一年时间的倾囊相授下，郑新民扎扎实实地学到了200多种菜品的制作技艺，里面有相当一部分菜是陕西官府菜，比如生爆鱿鱼丝、金边白菜、干煸鳝鱼、芙蓉鸡片、糖醋鱿鱼卷、白素鸡等。

郑新民：有一天晚上我回去累得倒头就睡，刚睡没多大一会儿就醒了，以为早班要迟到了，我和同住的学员把衣服一穿赶紧朝楼下跑。厨房师傅纳闷地问，这么晚了急哄哄的做啥？我俩说上班要迟到了，师傅说上夜班的师傅还没下班呢！这样的情况后来还发生过几次。那时，我就是害怕迟到，害怕耽搁了学习。

郑新民的烹饪水平在培训班的12名学生里名列前茅，让他扬了名的是培训班临结业时，给西安市饮食公司进行的汇报表演。汇报表演的项目先是刀工，如直刀法、斜刀法、平刀法、陡刀法等。郑新民用陡刀法切豆腐干、用外斜法切玉兰片、用内斜法切肚片、用墩刀法切肉丝，还现场展示了整鸡除骨的技艺——将沽鸡宰杀后在鸡背上开一个2寸长的小口，把内脏和骨头全部取出来，再给小口中灌水，达到滴水不漏的程度。那时的郑新民只有十七八岁，但刀工熟练，操作得有条不紊。表演结束后，师傅们都给他竖大拇指。

郑新民表演整鸡除骨技艺

郑新民：我印象最深的是表演用墩刀法切肉丝，就是把猪肉切成薄片以后墩成一沓子，然后像切土豆丝一样把它们切断。没想到切到最后，把摁肉的大拇指头连着指甲切掉了半边。我赶紧拿抹布给系住，坚持着把后面的项目做完。表演结束以后我赶快到医院去包扎，直到现在我的手上还留有那道疤痕呢。

老菜新做，屡获殊荣

从烹饪培训班结业以后，郑新民被调到了安定门食堂工作。在之后的十几年中，郑新民不断研究、复原和推广陕西官府菜。由他牵头成立的陕西官府菜研究班子，恢复和改良了多套陕西官府菜宴席，在国内外众多烹饪赛事和活动中屡屡斩获奖项。

郑新民受到了习仲勋的亲切接见

1988年，郑新民通过各项选拔，最终与其他五人共同代表陕西参加由中国烹饪协会举办的第二届全国烹饪大赛。首次参加全国赛事的他，以珍珠八宝鸡、鱿鱼里脊丝、四宝鲩鱼、珍珠鱿鱼四道菜品，获得大赛铜牌，受到万里、习仲勋等中央领导人的亲切接见和热情鼓励。

1993年，第三届全国烹饪大赛在京举行，郑新民除了要设计参赛菜品，还要负责“秦馔国粹”展台的总体设计。这次大赛中，他制作的荷花薏米鸡、彩熠生鱼卷荣获金奖，别具特色的“秦馔国粹”展台，也一举斩获大赛团体金奖。

2002年，受世界中国烹饪联合会的邀请，郑新民在马来西亚吉隆坡举办的第四届世界中国烹饪技术大赛上进行精彩的中华厨艺表演并获表演奖；同年，他受美国驻华大使馆邀请，为时任美国总统布什的夫人劳拉进行精彩的厨艺表演，一则《布什夫人学拉面》的新闻一时间轰动了大江南北。

2004年，郑新民带队参加第五届中国烹饪世界大赛，与来自美、英、日、加等20国及国内25省市86个代表队进行角逐，最终获得团体金奖和个人热菜金牌。

陕菜进京，扬名世界

虽然在国内外赛事上屡屡斩获大奖，但最让郑新民难忘的却不是这些。2016年7月，由中国外交部与陕西省人民政府联合举办的陕西全球推介会——“开放的中国：迈向世界的陕西”在北京举行，130余位世界各国驻华使节、全球500强企业代表、几十家国内外媒体参加了此次推介活动。郑新民担任了此次推介活动的冷餐会筹备组总顾问，但在活动前期，郑新民和他的团队却历经了许多波折。

按照要求，冷餐会的菜品不能使用刀叉和筷子，只能用牙签，原料和做法必须按清真标准执行。这样一来，许多陕西官府菜的经典菜品都被排除在外。这是一次前所未有的挑战，但郑新民却把它当作一次难得的机会，一次向世界展示陕西官府菜的机会，他在心里告诉自己一定要做好！

郑新民：我是6月7日接到省政府通知的。刚开始还没有确定让我们来做，为了争取到这次难得的机会，我提前一天做好了18道菜，邀请外交部的杜司长来试菜。当时我们只争取到了半个小时，杜司长在来的路上还好奇地询问：“我印象中你们陕西就是凉皮、肉夹馍、羊肉泡馍嘛，这些都连汤带水的，冷餐会上怎么吃？”我说，看完您就知道了。

翡翠凉皮

当郑新民把准备好的菜品全部呈现到杜司长面前时，杜司长挨个问这个是怎么做的，那个是怎么做的。走到陕西特有的小吃凉皮面前时，他完全被惊艳到了——摆在他面前的是一个个2厘米左右的碧绿小卷，上面有一个浅驼色的小包。原来，为了达到冷餐会的展示和食用标准，也为了改变大家对陕西凉皮的固有印象，郑新民发明了一种全新的食用方法：他把凉皮的酱汁装在分子包中，当宾客将菜品送到嘴里后，分子包在口腔中遇热炸开，酱汁包裹着用菠菜面制作而成的凉皮，一种全新的味蕾体验出现了！

郑新民：我当时就站在杜司长旁边，看着他把凉皮吃进去后两眼放光，表情瞬间变了。杜司长当场就对我说："好了，就是你们了，这事儿就这么定了，明天你们就去外交部看场地！"

听到杜司长的话，包括郑新民在内的所有人都激动了，这意味着他们的心血没有白费。可当郑新民第二天来到外交部之后，事情又出现了波折。

郑新民：外交部的厨房不符合我们的要求。因为外交部的蓝色大厅主要用于国家的外事活动，所以厨房很小。这次推介会邀请了130多位嘉宾，到场的实际人数肯定会更多。

当郑新民发现这个情况后，当机立断决定调换菜单。在返回西安的火车上，郑新民和他的徒弟们开会讨论，重新制订菜单。新的菜单既要满足国际冷餐会的要求，又要方便在外交部的小厨房中烹饪。当时，国内高铁技术还未成熟，从北京到西安乘坐火车需要十几个小时，一群兴奋而焦虑的人一直未曾停下讨论。一份新的菜单，在郑新民的脑中已初具雏形。

在中国外交部的厨房中忙碌的郑新民

火车还未到站，郑新民就已经安排好食材和调味品的采购工作。同行的工作人员劝他别这么拼，歇息一天再说，郑新民却严肃地说："不行！这事儿关系到陕西的脸面，不能马虎！"

回到家中的郑新民立即投入新菜品的烹制工作中，一遍遍地将食材下锅，一遍遍地尝试。爱人看着眼里满是红血丝的郑新民，劝他休息一下，但怎么也劝不动，只好主动帮他分担，准备各项食材。

最终，两天两夜没怎么休息的郑新民终于交出了令自己满意的答卷，贡米九孔莲、贵妃虾球、合阳黑乌鳢、金钱发财、姜汁豆结、箱子豆腐、清涧红玛瑙……六道热菜、六道凉菜、六道小吃，还有一道开幕大菜——长安葫芦鸡。所有的菜品不仅没有汤汁，而且大小合适，所有的菜品都是标准等分，用牙签就可以扎起来，完全符合国际冷餐会的要求。

贡米九孔莲

贵妃虾球

长安葫芦鸡

箱子豆腐

宫廷豌豆黄

一道道令人食欲大开的精美菜品，不仅再次惊艳了外交部的领导，也打破了来自世界各地的宾客对于陕菜的固有印象。郑新民和他的徒弟们准备了700人的餐量，到最后全部被一扫而空。

世界各国的宾客品尝陕西美食

冷餐会结束后，宾客们怀着对陕西的赞美和向往陆续离开了会场。这时，郑新民和他的团队虽然都累得瘫软在厨房的地上，但却满心喜悦，因为他们知道，他们成功了！

时任陕西省副省长的王莉霞专程前来慰问陕菜团队，她说："这次活动非常成功，无论内宾还是外宾，反映都极好。你们的辛苦没有白费，这一次让陕西美食真正走了出来，得到了极大褒奖，谢谢你们！"

"开放的中国：迈向世界的陕西"工作人员（陕西）合影

半生坚守，延续传承

郑新民师从张生财、薛成荣、靳宣敏、庞学德、翟耀民等老一辈陕菜名厨，深得陕菜精髓，是陕西官府菜第三代传人。郑新民从1970年开始学习陕西官府菜至今已经50多个春秋了，仅有初中文化程度的他以勤奋踏实、笃学奋进和锲而不舍的精神，一直致力于陕西官府菜的研究、恢复、推广与传承，并编写了《实习菜谱》《家宴菜谱》《烹饪技巧菜谱》《陕西官府菜技艺》等著作，为陕西官府菜的传承和发展做出了积极贡献。

如今，年近70的郑新民因为身体原因已经很少亲自制作陕西官府菜了，但他经常会与徒弟们就陕西官府菜的传承和创新进行沟通。在他眼里，陕西官府菜是他50多年锲而不舍的追求，也是他半生的精神寄托，他希望徒弟们能够认认真真地做陕西官府菜，全心全意致力于陕菜经典的传承。

技艺展示

在工艺制作上，陕西官府菜做法细致、用料讲究。陕西官府菜传承人继承前人的经验并不断创新，使如今的陕西官府菜不但有千年古都的印记，也有现代社会的标记。

陕西官府菜筵席

技艺教学

泡发鱿鱼教学

陕西官府菜擅长烹制海味的干货原料，尤其擅长处理鱿鱼、海参、鱼翅、干贝一类的高级食材。

以处理鱿鱼干货为例，烹制鱿鱼前，需先用清水泡数小时；变软后换水再加入碱继续泡，适量的碱能够帮助鱿鱼干迅速吸水膨胀，变得松软起来；接着，把泡发好的鱿鱼取出，用清水冲洗，以去除残留的碱；最后再用清水浸泡，此时的鱿鱼饱满、光滑，还富有弹性。

贰

紫阳毛尖传统手工制作技艺·曾朝和

千年贡茶涵灵秀，岁月茶人溢痴情

手工制茶技艺是中国的传统技艺，每一个制茶阶段都承载着制茶人的心血。制茶并非易事，它像是在制造一件艺术品，具有深厚的文化底蕴。喝茶并不只是解渴品味儿，更是品读每一片茶叶所饱含的生命的厚重。我这一生就只做好这一件事。做茶跟做人是一样的，人品好，茶才可能好。

——曾朝和

扫描二维码
欣赏传承人微纪录片

紫阳毛尖

项目背景

紫阳毛尖传统手工制作技艺

据《华阳国志·巴志》记载，安康是中国最早出产贡茶和人工种茶之地，迄今已有3000多年历史。《新唐书·地理志》称金州（即今陕西省安康市）不仅产名茶，更产贡茶。安康茶在唐朝成为仅次于黄金的朝廷贡品，留有“谁语陕域无好茶，唐次纲贡紫阳芽”的佳句。

“至清代，陕南唯紫阳茶有名”，民国时所修的《西乡县志》如是记载。《紫阳县志》亦有紫阳茶“每岁充贡”一说，并有清光绪三年（1877年）正月一份贡茶档案中的信票（清代官府常用的票文，用于向下级发布命令和指示）为证。清代兴安知府叶世倬为紫阳茶写下“自昔岭南春独早，清明已煮紫阳茶”，再次印证了紫阳茶的辉煌。

作为安康九县之一的紫阳县，群山综错，河溪密布，汉江自西北至东南横贯全境，有着“两山夹一川”的地形地貌，终年多雾。紫阳地处秦岭—淮河南北生态气候过渡带，气候温润，雨量充沛，形成了冬无严寒、夏无酷暑的北亚热带湿润季风气候区，年平均气温15.1℃，无霜期为268天。湿润温和的气候为茶树的生长创造了适宜环境。这里还是天然的富硒区。1989年，紫阳茶成为全世界首个被认定的富硒茶。

曾朝和，紫阳当地公认的制茶大师，是紫阳毛尖传统手工制作技艺唯一的省级传承人，而他所掌舵的和平茶厂也是唯一的传承企业。他根据本地茶叶的特性及自己几十年制茶经验，探索研究出紫阳毛尖独特的色、香、味、形以及手工制作流程。

手工制作紫阳毛尖的优势在于用手能感受到铁锅的温度，及时感知茶叶变化，在杀青过程中更好地保存水分，留住茶叶的清香。与机械制茶相比，人工炒制的紫阳毛尖外形完整、颜色鲜亮、口感清纯，更加天然。

2011年，经陕西省人民政府批准，紫阳毛尖传统手工制作技艺被列入陕西省第三批非物质文化遗产名录。

2012年，曾朝和入选为陕西省第三批非物质文化遗产项目紫阳毛尖传统手工制作技艺代表性传承人。

匠人故事

勤学苦读，梦想着走出大山

1953年，曾朝和出生于紫阳县城关镇和平村，这里是紫阳重要的产茶地。村里的人祖祖辈辈以种植茶叶为生，曾家也不例外。但在当时，一方水土养活不了一方人。曾家和村里的绝大部分家庭都过着吃不饱饭的日子，“靠天吃饭”成为山里人年复一年的苦恼。在这种苦恼中曾朝和一天天长大。

紫阳县

曾朝和：我的祖辈都是种茶，制茶的。紫阳这块土地之所以不适合大面积种植粮食作物，是因为大多是坡地，不是多雨就是干旱，种植两三亩粮食收入不足千元是常有的事儿。虽说也能种植茶叶，但那时没有好的技术，收入很微薄。

尽管生活贫困，但曾朝和一家人还是勤勉进取。曾朝和小时候便被教育要用心做事，好好读书，耕读传承是祖辈传下来的家训。识文断字的父亲给曾朝和种下了出人头地的种子。

因为父母的良好教育，曾朝和自上学以来便成绩优秀。虽说出生于秦巴深处，交通极为不便，但家人尽可能地将一切读书的机会都给了他，他也不负所望，考上了县里的重点中学。几年的读书生涯，让曾朝和有了更加切实的愿望，那就是走出大山、摆脱贫困。为了实现这一目标，他日夜苦读，只为考取心仪的学校。

一身戎装，一生荣光

1970年，17岁的曾朝和并没有考取心仪的学校，而是成为建设襄渝铁路的一名工人，在铁路上挥洒了3年时光。

襄渝铁路建设完成后，曾朝和遇到了改变命运的机会。1972年，19岁的曾朝和成为一名军人，在北京开启了5年的当兵岁月。部队是一个熔炉，炼就一个个年轻炙热的灵魂，塑造了他们钢铁一般的意志。这5年的经历是曾朝和一生的财富。

曾朝和：茶叶都是有性格的，制茶人不但要用双手做好茶叶，更得用心把握火候，仔细揣摩它们的脾气。制茶每天都会遇到问题、遇到困难，但是我都坚持下来了，为什么呢？因为我当过兵，军人的那种坚持与吃苦耐劳已经刻在了我的骨子里，所以我才能蹚过无数困难，把紫阳茶做到现在的样子。

脱下戎装，回乡务农

5年的军旅生涯很快就结束了。1977年，已经24岁的曾朝和从北京回到了生他养他的和平村。作为一个有思想的年轻人，他比任何人都清楚，要在这里干出一番事业，那是难上加难，但当兵时期培养出的不服输、敢拼、敢闯的精神鼓舞着他迎难而上。

曾朝和（右一）与高级农艺师程良斌先生交流茶叶制作技艺

脱下军装，撸起袖子，曾朝和成为和父辈一样的种茶人。因为有文化、有见识，他种植的茶叶产量比起一般茶农要高出很多，所以年轻的他被推举为村里生产队的队长。他不仅要种植好自家的茶叶，还要带领茶农种出高产量、高质量的茶叶。

曾朝和：我当时刚从部队回来，带着一股冲劲和一腔热血，就想跟着村民一起把茶叶种好。我的想法很简单，这是祖辈的产业，不是我一个人的事情，我要把它做好。

功夫不负苦心人，在曾朝和的带领下，和平村的茶叶产量翻了一番，引来众多羡慕的目光。每一个想要学习种植技术的人，他都会悉心指导，毫无保留。在他看来，茶叶不是自己的，不是和平村的，是整个紫阳人的。如果有一天，茶农真正过上了好日子，那才是紫阳人的骄傲。

在“硒”望的田野上

生产队几年的历练让曾朝和对自己有了更高的要求。1980年，乘着改革开放的春风他创办了和平茶厂，这一年他27岁。当过兵、当过生产队队长，他还想看看自己有没有更多的可能，于是毅然走上了创业的道路。

拓基地、建厂房、创销路，从种茶到制茶，曾朝和不断踏上新的征程。和平村就是曾朝和的根，而厂房就是曾朝和栽种的梧桐树。栽下梧桐树，自有凤凰来。

一直致力于紫阳富硒资源研究的中国科学院地理科学与资源研究所专家雒昆利说：“紫阳的富硒资源实在太珍贵了，是上天赐给紫阳乃至安康人民的金饭碗，你们一定要开发利用好。”曾朝和听到这段话后，将其铭记于心，抓住“富硒”这个市场卖点，打出了紫阳毛尖的特色牌，走上了差异化经营的道路。

曾朝和的每一天都是从一杯紫阳富硒茶开始的

匠心制茶，铸就品牌

在紫阳县，从事制茶加工的企业大大小小有400余家，从众多的企业中脱颖而出，曾朝和用了十几年的时间。紫阳有句俗语："本分本分，终有一份。"意思是说，憨厚、踏实、安分守己做事的人，能得到自己应得的东西。曾朝和就恪守这样的本分，充分印证了这一俗语。40多年来，他以一以贯之的诚实守信，赢得了广大消费者的信赖，赢得了"茶王"称号，也赢得了和平茶厂的稳步发展。

曾朝和：做事业跟做茶的道理是互通的，没有拿得出手的产品，就想着通过营销飘到天上去，是不可取的。企业家的性格往往跟这家企业的发展息息相关。我相信厚积薄发，我更坚守一生只做好一件事情的信念。

跟老师傅们学习传统制茶技艺，是曾朝和坚持的初心，作为一家茶叶工厂的管理者，他从未放弃自己制作茶叶的初衷——手工制茶。从采摘到鲜叶摊放、杀青、初揉、初烘、复揉、整形、复烘提毫、足干焙香，每一个工序他都烂熟于心，并带领厂里更多人从事手工制茶。

刚采摘的新鲜茶叶

曾朝和：紫阳这个地方的气候水土很适合茶叶生长，这里的茶叶肥嫩壮实、色泽翠绿、香气浓郁、醇厚回甜，有栗香型、嫩香型和玉米香型等。我一摸茶叶，凭手感就知道它是哪一块地所产的。

曾朝和把茶厂的生产车间扎根在和平村。这的确是一种扎根，在群山环抱的一片有限的谷地里，他把地基的石头山圈到了楼里，原始的石层成为楼里的一道景观，这勾连起了乡土和梦想，勾连起了传统和现代。

一芽一叶一香气，一生一世一茶人

一方水土养育一方人，一方水土孕育一方茶，作为紫阳茶匠的代表，曾朝和始终坚守自己的初心——做出更好的紫阳富硒茶，让更多的人了解和平茶厂，了解紫阳富硒茶。

一直坚持手工制茶的曾朝和

紫阳人的春天，是用一杯富硒茶开启的。2001年，紫阳举办了首届陕西紫阳富硒茶文化节，将茶与歌融合，“茶歌紫阳”的倡导让紫阳毛尖茶有了更加广阔的舞台，而曾朝和的毛尖茶制作技艺，也让更多的人认识到这大山深处的茗茶。

曾朝和谨记“制茶并非易事，它像是在制造一件艺术品，具有深厚的文化底蕴；喝茶并不只是解渴品味儿，更是品读每一片茶叶所饱含的生命的厚重”。

技艺展示

手工制茶

条索弯曲，翠绿显毫的紫阳茶

紫阳毛尖外形条索弯曲，翠绿显毫，栗香浓郁，滋味醇厚回甘，叶底肥嫩匀整。真正做得好的手工茶就是工艺品，让人赏心悦目，心生欢喜，这也是传承手工制茶的意义所在。

在紫阳品茶，要过三道水后才能品出其真味。初品，会觉得味较淡，淡过之后，又有些微苦；再品，苦中含香，味极浓郁，放在舌上有点舍不得下咽，入肚之后，一股凉意沁人心脾；再品一次，茶味越来越香，丝丝缕缕绕鼻旋肺，让人回味无穷。

“无忧何必去饮酒，清静常品紫阳茶”，这是贾平凹先生对紫阳茶的评价。

技艺教学

1. 鲜叶摊放

鲜叶采收回厂后，应放在洁净的竹簸箕或竹席上薄摊，厚度控制在3厘米左右，摊放时间为4~8小时，最长不超过8小时。适度的摊放有利于去除茶叶的苦涩味、提高香气，并保证鲜叶上面没有水，否则杀青时会粘锅，杀出来就是烧焦的叶片。若鲜叶匀净度较差，要使用鲜叶分级机将鲜叶分级，然后按照粗细级别分别加工。

鲜叶摊放

2. 杀青

经过适度杀青的茶叶，色泽由青绿转变为翠绿，青草气大量挥发，茶香明显，叶软如绵，

杀青

茶梗折之不断，手握成团，抛之即散。杀青结束后，鲜叶虽有风机吹风降温，但还应及时摊开进一步冷却，切忌堆积，否则易闷黄变味，降低了名优茶的价值。

3. 初揉

手工推、拉、滚、揉，揉至茶汁溢出、稍有沾手的感觉为宜。

初揉

4. 初烘

用烘焙机或连续烘干机，采用薄摊快烘的方法进行初烘。初烘后应立即将茶叶摊晾，散热、冷却回潮15~20分钟。

初烘

5. 复揉

一、二、三级毛尖茶初烘后要先分筛，再复揉。复揉时坚持中压长揉，不重压，时间以30~40分钟为宜。

复揉

6. 整形

采用往复式理条机，温度控制在100℃左右，每槽的投叶量60~80克，时间为8~10分钟，待芽头变直即可出锅，摊晾30分钟左右进行复烘提毫。

整形

7. 复烘提毫

白毫显露是紫阳毛尖的特征，复烘温度控制在70~80℃，烘至七八成干时，用手工理条提毫。

复烘提毫

8. 足干焙香

已成形的茶叶需进一步干燥，以利于保存与贮藏。

至此，紫阳毛尖的加工流程基本结束，接下来就可以开汤品茶了。

足干焙香

叁

长安沣峪口老油坊榨油技艺·高让让

秦岭脚下老油坊，四代老榨百年香

油香不香是人凭嘴能品尝得出的，你的东西好了客人就来了。市场上的桶装油吃的时间长了，人们才会觉得老油坊的油吃起来才是原汁原味的。

——高让让

扫描二维码

欣赏传承人微纪录片

长安沣峪口老油坊

项目背景

长安沣峪口老油坊榨油技艺

沣峪口老油坊位于秦岭北麓凤凰山脚下，西安市长安区滦镇街办辖内沣峪口村西。经文物部门对油坊土板墙、地基以及油梁的磨损程度鉴定，它们距今已有130年以上的历史，创建于清光绪十三年（1887年）以前。

油坊创建人齐一礼先生留学归国后创办了西北纺纱局，后因榨油利润远大于纺纱，改为以榨油为主，纺纱为辅。1959年，老油坊改名为滦村人民公社油脂加工厂。改革开放后，老油坊由现在的经营者高让让的师傅承包，改名为沣峪口老油坊，经营至今。其榨油技艺经四代人薪火相传，得以留存。

沣峪口老油坊是我国西北地区现存规模最大、年代最久、保存最完整的手工榨油作坊。其榨油方式延续了明清时期传统、古朴的立式（我国现存古代榨油术多为卧式）榨油法，以河水为动力，利用杠杆原理工作，从选料、磨坯、蒸坯、包坨、压榨至沉淀成油，历经30多道工序，不依赖任何现代机械设备，堪称中国民间手工榨油技艺的“活化石”，具有独特的历史价值、文化价值和科普教育价值。

2009年，经陕西省人民政府批准，长安沣峪口老油坊榨油技艺被列入陕西省第二批非物质文化遗产名录。

2010年，高让让入选为陕西省第二批非物质文化遗产项目长安沣峪口老油坊榨油技艺代表性传承人。

匠人故事

百年老油坊留下的不仅是记忆

既然是老油坊，就一定有历史，有老的故事和油坊深处老的“包浆”。现在，能把长安沣峪口老油坊的来龙去脉说清楚的人，只有70多岁的高让让了。高让让说他是听他的父亲给他讲的，而他的父亲估摸着也是听他的爷爷讲的。

据高让让说，长安沣峪口老油坊是一位叫齐一礼的先生在清朝光绪十三年（1887年）在沣河边上建的。沣河的水从秦岭里流出，河水丰沛，油坊主人在河沿上搭建水车，用水车的动力牵引着绞车，再由绞车带动粗大的油梁，这样可以省下好几个劳力。沣峪口是汉中从秦岭通往西安的出口，汉中运来的油菜籽一出秦岭就送到了油坊，更是方便。齐先生做生意仁厚、讲信义，如若遇上好的年景，油坊更是天时、地利、人和三者俱全，生意红红火火。别处的油坊在麦收后榨上三五个月就收工了，而在沣峪口老油坊，长年累月都能闻到新鲜菜籽油浓郁的香味。

沣峪口

人们常说出门七件事，柴、米、油、盐、酱、醋、茶。食用油虽然在人们的日常生活中屈居“老三”的地位，但在20世纪80年代以前的很长时期里，家中吃油的数量无疑是衡量这户人家生活水平的重要标志。一家人要是一年能有五六斤菜籽油吃，那就算得上是小康生活了。无论是城市还是农村，食用油的匮乏都给人们留下了深刻的回忆。

高让让：集体化以后，油坊的生产模式就跟以前不一样了。粮、棉、油都属于国家一类物资，买粮要有粮票，买油要有油票。城市里每人每月供应半斤油，也有四两或者更少的。农村的菜籽油供应就更没有下限了，有的生产队一年到头一人甚至分不到一两斤油。

在缺少食用油的年月，最让高让让动心的，就是高大而又昏暗的老油坊厂房了。那里总是弥漫着烟气、油分子和水分子在空气中飘浮的雾气，那根12米长的、闪亮着陈年油润的老油梁仿佛定海神针，没有它神力般的撬动，谁也无法将油脂从米粒般微小的油菜籽里榨出。

看似粗陋的油坊，里面却都是技术活

1968年，高让让被招进了老油坊当工人。此时的老油坊已经成为专为国家加工食用油的集体单位。高让让很欣慰自己成为一个可以为国家做事并且还能拿到工资的“国家人”，尽管他第一年的工资每月只有28元钱。

刚进老油坊，高让让以为榨油只是个下苦的活儿，只要卖力气就行。他每天装装卸卸，或者给师傅们打打下手。慢慢地，师傅们开始教他“面沫深，油沫浅，豆腐沫子洗个脸”，压油的时候要“压油沫发，拐面蒸扎”等技术口诀，可文化程度不高的他很长时间都没能理解其中的道理。

榨油不仅是个下苦活儿，还是个技术活

高让让：榨油这个技艺是学不尽的，光是选原料都是门功夫。俺师傅，厂长张桂良，他能把油菜籽分出公母来——母菜籽是圆的，公菜籽是椭圆的。母菜籽是三斤或者三斤一两榨一斤油，而公菜籽是八斤才能榨一斤油的！至于摇香油，那没有两三年是学不会的。

榨油不但技艺很难掌握，而且又苦又累，工作环境又闷又热又潮湿，油的味道闻久了还会让人难以忍受。因此，很多人不愿意去油坊学艺。老人说“马到校场，人到油坊”，说明了在油坊工作的苦。然而，高让让却在老油坊一待就是几十年。他觉得老祖宗真是有智慧，竟然几千年前就能在小小的油菜籽里发现油脂，并且能用复杂的技艺把油脂提炼出来，让其成为人们烹饪时必不可少的原料。所以，他总是怀着对先人、对师傅们的敬畏之心，认真地学习榨油的所有技艺，探究其中的奥秘。

老油坊榨油所用的油草一般就地取材，在清代选用龙须草，新中国成立后改用蒲草，还要经过蒸煮、浸泡、晾晒、冲洗、二次晾晒后才能使用

只要还有一个人需要这口老油，我就坚守

改革开放初期，老油坊开始实行承包责任制。老厂长承包了一年不干了，会计承包了一年也不干了。1990年，师傅找到高让让，让他来承包。高让让很为难。师傅说："别人承包得雇工人、雇把式，你既能当把式又能当工人，你要是包不好就没人能包得好。"为了不辜负师傅对自己的信任，高让让把老油坊承包了下来，这一干就是几十年。

几十年的经营，没使高让让发财致富。随着市场上各种精炼油、调和油的大量出现，土法油的市场不断萎缩，土法手工操作在现代化工业面前显得毫无竞争之力。

通过杠杆原理，高让让要将十多米长、几百斤重的油梁缓缓升起来，这个动作他重复了近半个世纪

高让让：那段日子难过得很。因为油烟少，大家都喜欢调和油，都不怎么用咱们的传统油了。我拉个架子车，或者骑个三轮车到处转着卖油。日子虽然难过，但我做油做习惯了，让我出去打工做别的我还不适应呢。到了2000年前后，人们慢慢回归了自然，觉得老油坊的油纯天然、无污染，原汁原味，老油坊才渐渐回到了人们的视野。

2010年，高让让被评为长安沣峪口老油坊榨油技艺省级传承人，国家和社会对土法榨油的重视，让高让让对自己坚守的事业有了满满的信心。虽然学习古法榨油技艺的人屈指可数，但他还是在技艺传承方面做了很多努力。儿子高飞原本已经考上了西安的一所二本院校，高让让苦口婆心地劝说儿子放弃上大学，和他一起经营老油坊。

高让让：我为啥不叫娃念书了？提起这个事我就头疼。现在徒弟难寻得很，年轻人都搞机械化还有电子一类的东西，向现代科技发展呢。咱这个土作坊，一是苦累，二是不干净。我先后教了五个徒弟都走了，做其他行业去了。我就下决心让儿子传承，再让我儿子往下传承，国家能扶持咱，咱自己也得扶持这项技艺。

高让让坚持土法榨油的精神感动了儿子高飞，他最终放弃了学业，在老油坊悉心地学习着父亲的土法榨油技艺。

趁着日头好，高飞在油坊前的空地上晾晒油渣

与时俱进的高让让也在土法榨油技艺上精益求精，从每一个细节入手，力求把油做得更香、更好。他习惯于老味道，痴迷于老味道，他说："老祖先几千年来都是这么做下来的，说明这法子好，这么做的油好，我得坚持着做。只要还有一个人喜欢吃这口老油，我就一直做下去。"

技艺展示

古法榨油就是利用杠杆原理，将十多米长的粗壮树干做成油梁，把油坨子中的油分榨出来

老油坊采用古法榨油技艺，延续了清代以来传统的立式榨油方式，榨出的油质纯、色亮、口感好，堪称中国民间手工榨油技艺的"活化石"。

技艺教学

1. 选料

选菜籽时，"宁选新不选陈"，以黄土地种植的新菜籽为上乘原材料。新鲜菜籽需经过晾晒、清理去杂、淘洗等环节后才可使用。

选料

2. 磨坯

将选好的菜籽倒入石磨的斗中（石磨有很多种，根据不同的原料选用不同的石磨，磨菜籽用拐齿石磨），开动石磨，斗中放有竹签，用来调节石磨进料的快慢，菜籽要磨成泥状，越细越好。将磨好的坯进行干湿度鉴别，由有经验的师傅用手抓坯，成团状、有膨胀感为合适，既不可太干，也不可太湿。

磨坯

3. 蒸坯

准备一口大锅，加水至锅三分之一处。将水烧开，顺锅沿将磨好的坯用铁锨撒到蒸笼上，盖住缝隙冒上来的蒸气，哪里冒气就给哪里撒坯，直到将坯均匀放完，待气上均匀后，将处理好的油草按顺序进行覆盖。在覆盖的过程中要将油草上的绳子放在锅沿上，这样便于蒸好后取出油草，不至于烫手。从盖草起用大火蒸40~60分钟，蒸坯一般一次能蒸180~210千克。

蒸坯

4. 包坨

把蒸过的油草理顺，嵌入油圈中，将蒸好的菜籽坯装入其中，用木拐（一种由硬杂木制成的榔头状的工具）夯实，用油草将菜籽坯上部包扎好并踩实。

包坨

5. 榨油

用滑车将油梁吊起，将包好的油坨垒好放到出油井里，第一次放入四个坨，将最上和最下两个坨上的圈拿掉，将剩下的两个圈放在总高度的平均位置，用四个立柱将其固定，给最上面放置盖板，盖板上放置支架（即油梁的支点），逐渐松开滑车，用油梁加压。榨油的过程要“紧包坨，慢使梁”。将压过的坨取出、粉碎，再进行一次压榨。经过两次压榨基本可将坨内的油压榨干净。

榨油

6. 沉淀成油

榨出的油经油坨下的石槽流入油缸，将油过滤并沉淀15~30天（冬天长，夏天短）后，杂质与油分离，即可出售。

沉淀成油

肆

澄城水盆羊肉·王会斌

烹羊四十载，香溢千万家

过去开店是为了养家糊口，现在我把做水盆当作自己的事业干，越干越想干，越干越爱干，希望一直传承下去，实现自己百年老店的愿望，并能创出品牌，销往全国。

——王会斌

扫描二维码
欣赏传承人微纪录片

澄城水盆羊肉

项目背景

澄城水盆羊肉

澄城水盆羊肉也叫清汤羊肉，源于秦汉典籍中所记载的美食——羊羹。随着东汉两晋北方小麦的大规模推广种植，逐渐演变为用羊肉汤佐食面饼的饮食习俗，“胡饼”，即月牙烧饼随即出现。澄城水盆羊肉至今已有1800多年历史。现在，澄城县的水盆羊肉馆不下百家，从中可以看出当地人对其的喜爱程度。

澄城水盆羊肉的制作颇具古风。制作时，将宰杀好的肥羊带骨斩成大块，放进水缸里浸泡，拔出肉中余血，使肉质松嫩。烹制羊肉时先用能容纳三五只羊的大锅，将大块生肉投入，加水淹过羊肉，再用大火煮半小时，撇去浮沫和杂质，加适量清水，待煮沸后再次撇去浮沫，接着放入秘制调料包，用文火煮6个小时。羊肉出锅后，将肉晾凉，拆骨撕肉，撇净锅内浮油，原汤用小火继续熬制，待浇汤时用。

澄城水盆羊肉吃法独特，将羊肉用手撕成细片状，入碗、浇入羹汤，配以月牙烧饼，另有生蒜、香菜、辣椒供食客选择。正宗澄城水盆羊肉，肉嫩烂而鲜，汤浓郁而醇，具有益气补虚、温中暖下、抵御风寒之功效。

2016年，经陕西省人民政府批准，澄城水盆羊肉被列入陕西省第五批非物质文化遗产名录。

2017年，王会斌入选为陕西省第五批非物质文化遗产项目澄城水盆羊肉代表性传承人。

澄城县

匠人故事

永远忘不掉父亲当年那个眼神

生于1965年的王会斌，家住在渭南市澄城县寺前镇的醍醐村。王会斌的家乡无山、无川，村名虽颇具文化色彩，村子里的人千百年来却从未指望真有“醍醐”之类的美浆来灌顶，只要一年之中能有几场透彻的及时雨，让地里的庄稼能有个好收成，家里的大人和孩子能基本吃饱，就是梦寐以求的好事了。

在村子里，王会斌家的日子相比其他人家就更困难了。全家八口人，只能靠父亲一个劳动力挣工分养活全家，母亲除了操持家务，挤出点时间也要去生产队的地里挣几个工分。

10岁左右的时候，王会斌就开始帮家里大人干点力所能及的活计。他捡过破烂，上山挖过药材，下沟砍过柴草，养过鸡却吃不到鸡蛋，放过羊却没有吃过羊肉。

一次，王会斌跟着父亲去澄城县尧头镇拉煤，走到尧头河口街的羊肉馆门口时，馆子里飘出的羊肉香味勾住了他的脚步，让他舍不得离开那大门一步。父亲看出了儿子的心思，深深地叹了一口气说：“咱拉煤的钱都是借别人家的，等爸今后挣了钱，再带你吃羊肉。”

可王会斌再也没能等到父亲带他吃羊肉——那次拉煤后不久，父亲在工地上干活时，因土窑崩塌而伤重身亡。这对贫寒的家庭来说无异于雪上加霜。那次拉煤路过羊肉馆门前时，父亲那无奈的眼神让王会斌终生不能忘记。

嫩烂鲜香的羊肉

月牙饼可谓是水盆羊肉的最佳搭档

王会斌平生第一次吃羊肉已经是他参加中考时的事情了。

王会斌：我平生第一次吃羊肉是参加中考时，学校为了给毕业生改善伙食，让大家吃了一顿羊肉泡馍，尽管碗里的肉少得可怜，但那个味道令我终生难忘。

也许，羊肉对王会斌来说有一种神秘的吸引力，让他不自觉地朝着那个方向奔去。中考结束后，王会斌顺利地考上了高中，成绩不错的他如果继续就学，也许会踏上另外一种前程。但当母亲提出家里经济困难，没钱再供他上学，并已托亲戚准备把他送到县城的羊肉馆去打工时，王会斌毫不犹豫就答应了。他无法拒绝羊肉汤对自己的诱惑，从此就走上了烹羊熬汤的劳苦之路。

鲜香的始端必是诸多的辛苦

从苦难的岁月里熬过来的人对食物和能得到食物的工作，都超乎寻常地珍惜。在羊肉馆打工的王会斌觉得食堂的饭真好吃，他甚至觉得一生就在这样的环境里，虽无富贵，但衣食无虞就很是满足了。王会斌每天跟着师傅烫羊肚、翻羊肠、洗羊肉、打扫卫生、洗刷碗筷，活儿很脏也很累，但他并没有觉得有多辛苦，也许是因为自小在农村里就干过农活儿，身体里刻下了吃苦耐劳的印记。半年时间，和王会斌一起来羊肉馆打工的三个学徒，只有他被老板留了下来，并被安排住在库房。然而，此后的两年时间里，王会斌却仍然只是干一些粗活、杂活，煮肉和打馍的核心技术，师傅并不教给他。后来，当师傅不再从事羊肉馆的工作，而打算搞汽车运输时，才把制作水盆羊肉的核心技艺教给了王会斌，并把他推荐给另外一位想开羊肉馆的赵师傅去当大厨。

煮肉是一门技术活，也是做好水盆羊肉的关键

赵师傅的羊肉馆刚开业五天，羊肉就断了顿。没有人上门送羊肉，羊肉馆就得关门。于是王会斌骑着自行车，翻沟过梁跑了几十里地去屠宰户家里买羊肉，他的诚心感动了一家屠宰供肉户，给他现杀了两只羊绑在了自行车上。天黑了，当王会斌骑着早就瘪了气的自行车回到羊肉馆时，望眼欲穿的店老板赵师傅感动地说：“你这个小伙子真是个干事的人，今后这个店就是咱们两个人的，你想怎么干就怎么干，放心大胆地弄。”在店老板的支持下，

王会斌大展身手，煮肉技术也有了大幅度的提高，店里的生意风生水起。1986年，21岁的王会斌离开了赵师傅，自立门户，在澄城县开起了自己的水盆羊肉馆。

从临建房到正规的大店面，王会斌实现了自己的梦想

每个企业家的创业史无不是眼泪和辛酸写就的，王会斌的创业史更是如此。他开始创办羊肉馆时租不起像样的门面房，都是在偏僻的街道临建房里开店的，为了节省开支，前门开店后边住人。刚开店时为了招揽人气，他把周边的闲散人员叫进店里，为他们供上烟茶，甚至给拾荒老人免费煮馍。在艰苦的经营道路上，王会斌忘不了家人对他的支持与帮助。

王会斌：老娘不但给我管孩子，还给店里织抹布、择菜、做饭、看门。我的哥哥帮我盖了多少次临建房，加工了多少次炉子我都记不清楚了。功劳最大的还是我妻子，开店时，她把所有积蓄都给了我，连灶具都是她从娘家搬来的。白天她在店里干活，晚上还要管孩子、洗衣服。有一天煮肉煮到深夜，我困得不行，就让妻子看火，自己趴在桌上睡着了。当时的店非常偏僻，妻子有点儿害怕，又不想打扰我，就给一个流浪汉烧饼吃，让他站在店外给她壮胆。她一夜没睡，等天亮肉煮熟了，又继续忙活。我打心眼里感谢我的家人们。

回报社会，让更多的人吃到鲜香的水盆羊肉

水盆羊肉是盛行于西安、渭北高原，乃至整个关中地区的风味小吃，看起来只是普通的羊肉汤和烧饼，但要真正做到汤鲜饼脆却并非易事。

王会斌博采众长，认真总结经验，注重继承和发展，使自家的水盆羊肉达到汤清、肉嫩、肉香，饼脆且麦香浓，深受食客们的喜爱。

王会斌在闲暇时总会主动和顾客聊天

王会斌2011年被渭南市评为澄城水盆羊肉的代表性传承人，2017年又被评为澄城水盆羊肉省级代表性传承人。由于守法经营、诚信待客，王会斌及他的水盆羊肉店多次受到表彰。在荣誉面前，他没有懈怠，而是感到了责任的重大。

王会斌：自从被评为省级非遗传承人后，我内心无比激动，这是政府对我的认可，更是一种责任。这几年我组织培训班，手把手地教，带出了一批又一批自己开店或做大厨的徒弟，让他们用一技之长回报社会，把澄城水盆羊肉的鲜香传播得更广、更远。我的老母亲说我这几年比前些年创业时还忙，但我心里很乐意，有一种成就感。我应该做得更好，因为我是共产党员。

为了让更多人都能吃到美味的水盆羊肉，王会斌公开亮出了煮羊肉的完整工序，定期向有志于学习水盆羊肉的人免费传授技艺。

让王会斌深感遗憾的是，澄城水盆羊肉虽在陕西境内被誉为美味，但在省外却未能得到推广。他决心今后要做的事，就是让澄城水盆羊肉走出陕西，走向全国，让更多的人喝到鲜美的羊汤。

技艺展示

澄城水盆羊肉又叫清汤羊肉。正宗的澄城水盆羊肉不加粉丝，肉是肉，汤是汤，馍是馍，清清爽爽。

以前烹制羊肉用的是砂锅，食用时也是用砂锅，由于其形状像盆子，故称水盆羊肉，随着时间的推移和食客数量的增加，逐渐改用碗食用。

水盆羊肉选取当地所产的“同羊”。同羊源于甘肃，从西魏至唐代逐渐输入到渭北一带。它们被散养在田野、沟壑中，饮山泉，吃的野草中夹杂着柴胡、远志、黄芩等中药材，因此羊肉不但鲜嫩美味，还具有极高的营养价值。

散养的同羊

在澄城，每天清晨，天色微亮，街上还没有多少行人，但羊肉馆里却已熙熙攘攘，人声鼎沸。许多人赶一早起来，只是为了先吃到汤清味浓的“开锅羊肉”，就一口蒜，咬一口饼，喝一口汤，擦一把额头上的汗，一整天都感到心情舒畅。

技艺教学

1. 选肉

选肥瘦适中的成年同羊，现宰。

选肉

2. 剔肉

整羊分解剔肉，摘除三腺（即肾上腺、甲状腺和淋巴腺），清洗浸泡。

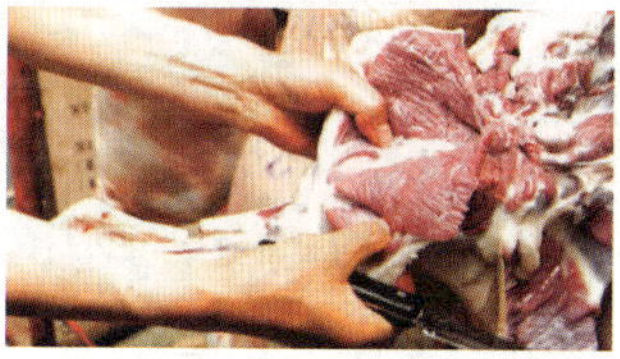

剔肉

3. 煮肉

羊肉下锅烧开，撇沫去杂，捞出洗净，换水入锅。煮肉是关键环节，主要在于“调料分次放入，火候分段控制，紧火去沫，文火出香，出锅先后有序，配汤顺应养生”。调料浸泡后装袋入锅。

煮肉

4. 捞肉摆放

将捞出的熟肉放在案板上，把肉骨分离，肥瘦肉和杂碎分开晾凉。将锅里的羊油撇净，盛出原汤在桶里放凉。肉在案板上要按“肥瘦肋间案中央，大小羊腿后边藏，羊头旎跟案头亮，腱子油肠分置放，杂碎染紫另一旁”的口诀摆放，让食客对全羊一目了然。

捞肉摆放

5. 配汤

将剔下的羊骨入锅，加水，用文火煮3~4个小时，再将煮肉的原汤按比例倒入锅内，烧开后去沫。要做到冬天浓香，夏天清淡。

配汤

6. 选肉盛汤

根据顾客的需求，选取肥瘦肉或杂碎码入大碗；盛以滚汤，再加入明油、味精、香菜或葱花，羊肉汤即成。

选肉盛汤

7. 烤制月牙饼

给和好的面中加入老酵面，饧好后反复揉搓，擀成圆饼，上烤炉烤至五分熟时切开呈月牙形，再加工烤熟。采用传统木炭炉烤制，其味更佳。

烤制月牙饼

伍

户县龙窝酒手工酿造技艺及民俗·赵守营

开春立窖遵古训，手工酿制酒醇香

酒在人们生活中是不可或缺的，有酒就得有酿造技艺，就得有人学习。酿酒的深层次技艺是说不清楚的，只能是言传身教。

——赵守营

扫描二维码
欣赏传承人微纪录片

户县龙窝酒作坊

项目背景

户县龙窝酒手工酿造技艺及民俗

陕西省西安市户县（今西安市鄠邑区）龙窝酒始创于清代光绪年间，迄今已有百余年历史。民国时期，户县龙窝酒名扬关中，民间有“东龙西凤”之美誉。龙窝酒的酿制用曲为中温曲，制曲采用关中地区优质小麦、大麦、豌豆三种原料，工艺采用古法制曲，主要包括润糁、清蒸、加浆、摊凉、加曲、入池、发酵及蒸馏等环节，每一个环节都有独特的操作准则。

户县龙窝酒繁杂的酿造工序都由手工完成，这是一种完全依赖于感性和经验的操作过程。一百多年来，这项技艺全靠师徒传承，经过一代代酒把式的不断实践，最终形成了一套独特而完整的酿造体系，是关中古法酿酒的杰出代表。

百余年来，户县龙窝酒作坊一直延续着祭拜龙王和酒神的传统，这种习俗和其酿造技艺共同延续了古代酿酒文化最为完整的历史面貌，具有很高的历史文化价值。

2009年，经陕西省人民政府批准，户县龙窝酒手工酿造技艺及民俗被列入陕西省第二批非物质文化遗产名录。

2010年，赵守营入选为陕西省第二批非物质文化遗产项目户县龙窝酒手工酿造技艺及民俗代表性传承人。

匠人故事

龙窝是个好地方

1950年出生的赵守营除了在西藏当了几年兵以外，大半辈子几乎没有离开过龙窝这个地方。赵守营不太相信有些人把风水说得那么神乎其神，但他觉得好的自然风光应该是人们都向往和追求的，而自己的家乡龙窝就是个好地方——北边的渭河，以及源自秦岭山脉的甘峪河和涝峪河共同环绕着龙窝。天气晴朗时站在秦岭山上远眺龙窝，它仿佛是被三条河流捧在了手心，又像是三条蛟龙在湿地上搅起的一个漩涡。

好酒离不开好水，甘峪河、涝峪河就给龙窝酒提供了甘洌的好水，再加上龙窝周边的湿地盛产高粱、玉米和稻谷，所有出好酒的条件就齐备了。酒坊出酒了，空气中弥漫的酒香就是最佳的广告，让这个崇尚酒文化之地的酒葫芦都为之紧俏起来。

龙窝酒酒体透亮，清香醇厚，甘洌爽口

赵守营：过去我们这里人不做酒，没有烧酒的时候就喝米酒。就是米酒也是个稀罕物，逢年过节或家里来客人，拿出来给客人喝，家里的小孩只能吃酒曲、酒糟或酒坯什么的。

孩提时代的赵守营，潜意识里就留存着对酒浓烈的记忆。

历尽波折，初心不改

从小生长在农村的赵守营，在那个几乎所有人都想跳出“农门”的年代，很早便跳出了农村，可绕了很大一个圈子后，他最终还是回到了龙窝。

1965年，小学刚毕业的赵守营考上了户县农业中学，但他还没来得及翻开课本，就响应党的号召应征入伍了。在众多青年人羡慕的目光中，他踏上了西行的路程。

5年后，赵守营退伍了，随后被安置在了户县的一家国营化工厂，在这个全民所有制的兵工大企业工作同样是令人十分羡慕的。他每天穿着时髦的工作服，上下班的路上总是神采奕奕的。有着当兵的经历，又是国营厂的正式工人，再过几年在工厂找个对象，过上城市人的生活……摆在他面前的原本是这样一条平坦的大路，然而赵守营却又转回了龙窝。

赵守营：我和845厂的一个知青对调，厂里的子弟想调回厂里去，我就和他对调到了龙窝酒厂。家里人埋怨我，村里所有人都嘲笑我，从一个大的国营工厂调到一个县办工厂，简直就是“皇家的公主嫁给农民了”。在计划经济年代，县办工厂的工资和国营工厂根本没法比。再说，县办工厂可是说倒闭就倒闭的。

无论别人怎么议论，赵守营还是兴高采烈地进酒厂上班了。一切都如他所愿——第一次分配工作就分到了生产车间，并且是烧酒班。生产车间是酒厂的核心，烧酒班又是生产车间的核心。核心的核心让赵守营打心眼里开心，生产车间的苦、脏、累在他心里根本就不是事儿，他觉得只要能亲自动手做酒，一切就是完美的。

赵守营所在的烧酒班的班长是快80岁的邵玉成老师傅。第一次见到邵师傅时，赵守营在心里嘀咕：这么大岁数还在上班，可见这龙窝酒有多劲道。赵守营是在国营大工厂上过班的，大工厂的师傅带徒弟怎么着也得讲上几个月的理论，可是邵师傅什么也不给他说，只是让他跟着干活，能不能出师就看自己的眼力见儿了。

赵守营：在酿酒行业，你想让师傅给你说什么理论性的东西是没有的，全靠自己的观察，在实践中琢磨和领悟。我的师傅功夫深得很，手一抓，脚一踢，这酒是多少度，水分有多大，什么时候该加曲、什么时候该下窖，判断得都很准。

赵守营看着师傅的每一个动作和每一个环节，自己细心地体验和领悟着，用10年的时间掌握了酿酒的全部技艺。可当他完整地掌握了这一切的时候，由于市场经济的冲击和酒厂管理经验的欠缺，龙窝酒厂倒闭了，装着满肚子酿酒技艺的赵守营无奈地离开了酒厂，外出打工。他去过建筑工地当过翻砂工，也给别人掰过苞谷，但是酿酒的梦在他心里从来没有破灭。

创办酒厂，施展技艺

在离开龙窝酒厂的日子里，赵守营并未丢掉自己酿酒的手艺。他在自家的庄基地上盘起了锅头，挖起了土窖，办起烧锅小作坊，每年坚持烧上五六回，酿上二三百斤粮食酒。赵守营酿酒的痴心感动了他的孩子，于是给他在自家的院子里办起了“五脏俱全”的小酒厂。赵守营终于能在自己

"五脏俱全"的小酒厂

的酒厂里任意施展技艺了。

2009年，户县龙窝酒手工酿造技艺及民俗被列入陕西省第二批非物质文化遗产名录；次年，赵守营入选为该项目唯一的省级非物质文化遗产传承人。传承人的荣誉让赵守营感到责任重大，他把自家酒厂当作酿造技艺的传承基地，尽心尽责地教授徒弟。

赵守营：我这个酒厂是开放式的，随时都能来参观学习，我可以免费地教给你技艺。酒在人们生活中是不可或缺的，有酒就得有酿造技艺，就得有人学习。酿酒的深层次技艺是说不清楚的，只能是言传身教。现代化技术在发展，粮食的粉碎可以用机器，焙蒸可以用电锅炉，但是制曲、制坯，掌握气候、温度、水分等，并不能都用机械代替人工。所以，如果没有师傅带教传承，这项技艺是不可能延续的。

赵守营经常给后辈们传授酿酒的经验

赵守营在十几年的时间里带了近十个徒弟，可他们往往只学了皮毛就离开了，并没能完全掌握龙窝酒全部的酿造技艺，这让赵守营为传承的问题感到焦虑。

让赵守营欣慰的是，自己的侄子和女儿们一直跟着他用心地学习龙窝酒的酿造技艺。孩子们知道，国家对非物质文化遗产的传承如此重视，说明这些技艺是珍贵的，传承珍贵的技艺与文化是家族的责任！

技艺展示

龙窝酒酿造技艺在传承过程中被历代师傅总结为九句口诀，即“人得其诚，水得其甘，曲得其时，粮得其实，器得其洁，工得其细，拌得其准，火得其缓，酒得其真”。

赵守营严格检视着酒海里的酒

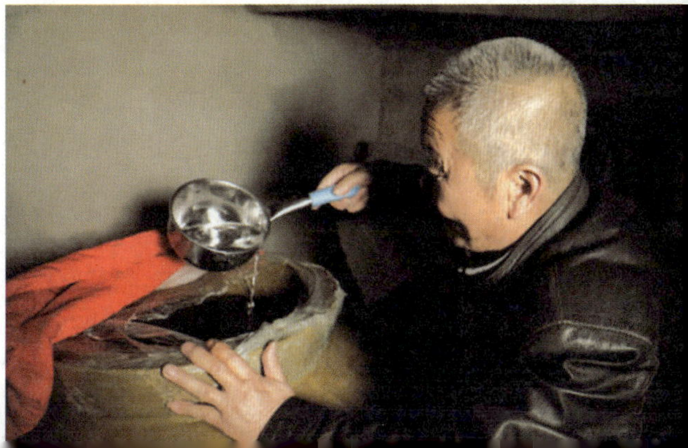

技艺教学

1. 选料

选用关中优质的高粱和玉米作为原料，稻糠作为辅料。原料必须贮存3个月以上才能制酒。

选料

2. 原料粉碎

古法采用石碾子将原料碾碎成细粒。按季节的变化，原料的粉碎程度也有所不同——冬季需要大颗粒，夏季需要很细的粉末。

原料粉碎

3. 制曲

将大麦与豌豆按6：4的比例混合，经筛选、除杂后粉碎，再加入15℃以上的温水拌匀，人工踩制成曲坯。要求曲坯厚薄均匀、软硬适中，表面光滑，棱角分明，内无夹粉、水花和裂缝。

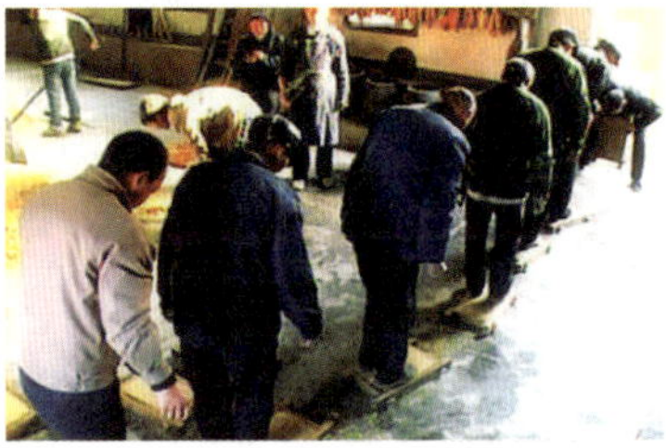
制曲

4. 润糁

润糁能将原料在入窖发酵前的温润程度以及发酵升温速度控制在最佳状态。夏季润糁水温为30~40℃，冬季为40~50℃。润糁后，若用手搓开成粉而无硬心，则说明已润透，否则还需延长堆积时间，直至充分润透。

润糁

5. 清蒸

润糁后将原料分甑进行蒸煮，先在甑上撒一层辅料，将底锅水煮沸后，再分层加料，要求料层均匀而平，冒气均匀。加料完毕，加盖清蒸，其间保持火力旺盛。用大火蒸30~40分钟后，原料、辅料的不良气味即可逸散出去。

清蒸

6. 加浆、摊晾、加曲

将糊化的糁取出放入桶中，加入适量清水。加浆后立即将糁打碎，翻拌均匀，停5~10分钟使水渗入，再人工翻拌几遍。将拌好的糁料摊开晾凉，冬季时，糁料的温度降至20~30℃，夏季时降至室温即可。将晾凉后的糁料堆成长方形，由入窖温度决定下曲温度，将曲粉撒于糁的表面，翻匀。

加曲

7. 入池发酵

窖池在使用前先用硫黄熏蒸清毒，物料放进窖池后，顶部用塑料布封口，四周用泥压封，冬季用稻糠皮覆盖可保持窖池温度。

入池发酵

传统工艺的发酵期为16~25天，酒曲上的微生物分泌出酶，将谷物中的淀粉、蛋白质转化成糖和氨基酸，糖分在酵母菌的作用下分解成乙醇（酒精），酒的发酵温度应遵循“前缓升，中挺足，后缓落”的规律。

8. 蒸馏

发酵半个月后进行蒸馏。蒸馏时要把握“缓火蒸、大气追”的原则，每甑锅蒸馏时间不少于30分钟，流酒温度不高于30℃。新酒需摘除适量酒头，并去掉适量酒尾，保留中间最纯正的部分，以保证酒质醇正。

9. 陈化

新酒被装入酒海中，开始陈化，去掉开始的激烈，慢慢变得醇香绵长。

陈化

陆

三原老程家，甜粽香百年

老程家粽子制作技艺·卢晓妮

三原县的小吃比较多，做法也很讲究，所以三原人的嘴比较“刁”。三原人在外地吃不惯当地的粽子，就把三原粽子捎过去或快递过去。我家的粽子到过北京、深圳、广州，我都没有逛过这么多地方，我家粽子比我逛得还远。

——卢晓妮

扫描二维码
欣赏传承人微纪录片

老程家粽子

项目背景

老程家粽子制作技艺

谈及端午，大家就会想起诗人屈原投汨罗江的故事。据传屈原投江后，百姓为了防止河里的鱼虾吃他的身体，于是向河中扔粽子来喂饱鱼虾，以求保全屈原的身体。

那为什么端午节吃粽子逐渐演变成中华传统节日呢？原来，古代百姓吃粽子跟节气有关，而且这种习俗自先秦时代就有了。农历五月又被称为“毒五月”，为了尽力“消毒”，先辈们经研究发现落叶竹和糯米结合在一起最有祛毒消暑之效，这才有了粽子。“毒五月”中农历五月初五那天又被认为最“毒”，这便有了“端午”。每一种传统食物的出现都绝非偶然，这背后蕴含着人类对生活的大智慧，它们是另一种历史的见证者。

卢晓妮就是老程家粽子制作技艺传承与发展的见证者。从1996年嫁入程家到如今成为老程家粽子第四代传承人， 20多年间她从未懈怠。选料、浸米、煮叶、制馅、包制、缠绑、蒸煮，每一个步骤环环相扣，构成了老程家粽子制作的灵魂骨架，造就了其糯而不烂、甜而不腻、馅料丰富的独特口味。老程家粽子制作技艺的保留是对中国传统文化的传承和延续，也是对指尖匠心的留存。

2019年，经三原县人民政府批准，老程家粽子制作技艺入选三原县第七批非物质文化遗产名录。

匠人故事

变的是形式，不变的是传承

在清末时期，老程家就在西安市蓝田县和咸阳市三原县做甑糕和粽子，一开始主要是做甑糕。

三原地处陕西关中北部，虽然俗话说“南方人喜甜，北方人爱咸”，但三原人却喜欢甜食。街上的甑糕摊就有不少家，但如果程老爷子的甑糕还没卖完，别家的甑糕摊基本是开不了张的。

别人家蒸甑糕是前一天下午开始烧锅，烧到一定程度就停火焖锅，到第二天一大早，甑糕就焖熟了。程家的甑糕则是用小火蒸一晚上，第二天凌晨四点还得架大火上气，所以他家的甑糕卖到最后一碗的时候都还是软和、烫嘴的。程老爷子卖甑糕时总是顺着碗沿装满后，用锅铲压一下，压完后再铲上一大块。一碗甑糕别家可能只给四两，而程家的绝对超过六两。程老爷子常说：“做生意千万不敢亏人，亏人就没人了。”

程新军（卢晓妮的丈夫）：我爷爷做的一锅甑糕熟重有两百多斤。他每天出摊一把锅盖揭开，人就围满了。我爷爷不停地弯腰重复做同一个动作，直到把甑糕卖完。长年累月的劳作使他的腰直不起来，熟悉他的老顾客就给他起了个外号叫“锅儿”，就是“罗锅”的意思。爷爷去世后，我就跟我母亲接手卖，后来母亲觉得累得承受不了，就不干了。

老程家的甑糕虽然在三原街头见不到了，但“老程家”的招牌却在三原老一辈人中有口皆碑。1979年春节以后，老程家的后人重拾起祖传的做粽子手艺。

每到端午节前后，老程家粽子店门口总是挤满了来买粽子的人

做粽子得像做人一样

老程家粽子的第四代传承人是程家的媳妇卢晓妮。她是嫁到程家后才跟着婆婆学做粽子的。

卢晓妮13岁的时候就尝到过老程家粽子。那是一个秋天，卢晓妮跟着二叔到三原批发蔬菜。中午二叔领着她到老程家的门店吃粽子，店里人山人海，好不容易有个空位，卢晓妮赶紧落座。粽子上来了，一盘三个，卢晓妮一口气就全吃完了。

卢晓妮：我二叔要了三个，肯定是想他吃两个我吃一个就可以了。我当时只觉得粽子又香又糯，一口气就把三个全吃了。后来，村里人给我介绍对象，没想到竟然就是程家。

1996年卢晓妮和程新军订了婚，第二年端午节婆婆就让她帮忙包粽子。在娘家干惯了锅灶活儿的卢晓妮心想粽子有什么难包的，还能难过包包子?

但是到了包粽子的现场，她眼看着粽叶在婆婆手里如绿带般飞舞，包一个粽子也就几秒钟的时间，而自己包的粽子不是漏米就是漏枣，样子还极其难看，她难为情地对婆婆说："我还是去给咱们做饭吧。"婆婆不仅没有责怪她，还手把手耐心地教她。

在婆婆的耐心教导下，卢晓妮终于学会了包粽子

卢晓妮：我们老程家的粽子有三种，全米粽子、红枣粽子和豆沙粽子。那个端午节期间我晚上睡觉都想着学包粽子，终于学会了包豆沙粽子和红枣粽子，但是全米粽子我一直没有学会。后来婆婆去世，我下决心狠劲学，一直练，终于学会了。现在全家只有我一人会包全米粽子。

全米粽子对粽叶的要求很严格，粽叶不能有一丝缝隙，否则包出的粽子就会漏米。全米粽子个头小，米必须得多装，这样吃起来才会筋道，如果米装得少，粽子吃起来软，口感不佳。即使手艺熟练的人包一个全米粽子的时间，也是包别的粽子的两倍。

老程家粽子好吃的主要原因是选料精良，他们一直选用湖北应城的糯米，坚持"没有好米就做不出好粽子"的信念，宁肯花大价钱也要买到可心的好米。

卢晓妮：我们在选枣上也很严格，以前曾用过本地的枣子，但做出的红枣粽子发酸。食用我们的粽子时要浇秘制的桂花蜂蜜，如果枣甜不过蜂蜜，这个枣的口感就不成。我们现在用的是新疆的灰枣，虽然价钱比本地枣贵一点，但为了让顾客能吃到好粽子，我们不惜增加成本。

新疆灰枣

老程家包粽子的芦苇叶也坚持选用南方的鲜芦苇叶，以保证粽子的清香味道。缠粽子的绳子也不用线绳或其他材质的绳子，而是用传统的马兰草进行捆扎，保证了粽子的绿色环保，口味纯正。

卢晓妮：我爷爷当年说过一句话，叫“东西做好不亏人”，就是说产品质量要好，做生意要讲诚信。我婆婆说，做粽子就像做人一样，要扎扎实实，白白净净。

鲜芦苇叶

好的东西得让更多人吃到

老程家的粽子制作技艺虽然已有一百多年的历史，但他们始终只把其当作养家糊口的小生意，尽管有着良好的声誉也没有想过扩大规模，程新军有一段时间还曾外出打工贴补家用。

随着市场需求的扩大和更多顾客对地方美食的追捧，老程家粽子也顺应潮流，开始考虑扩大生产规模。

卢晓妮：我们首先得保证质量第一，所以扩大生产规模的难度和压力很大。要把以前的口味传承下来，只能越来越好，不能走下坡路。现在要粽子的人特别多，我们准备办厂子，让更多的人吃到老程家的粽子。我们也开始开发咸粽子、肉粽子，还有年轻人喜欢的果脯粽子、紫薯粽子等。扩大经营的过程中遇到很多困难，但为了满足更多人的需要，我们全家人都在努力。

很多“吃货”都跟卢晓妮联系，希望老程家粽子能做得更好，给陕西美食再增加一块闪亮的牌子。卢晓妮说她有责任把老程家粽子传承好，为陕西美食添彩。

技艺展示

老程家粽子

老程家粽子原材料讲究，每一个都是手工制作，每一道工序都带着手工的温暖感。

技艺教学

1. 备料

将长糯米洗净，浸泡2小时以上；把枣洗净去核；把芦苇叶（大约66厘米长）清洗干净，开水煮30分钟，原汤浸泡，随用随取，经过水煮、浸泡后的芦苇叶弯折自如，非常柔软，用起来得心应手。

备料

2. 包制

取3张芦苇叶正面向上，两手大拇指和食指夹住芦苇叶，向外自然弯曲，形成一个漏斗的形状。先放入一颗枣，让枣的小头朝下，这是包粽子不漏米的小窍门。然后放入一半浸泡好的糯米，再放入一颗枣，一层糯米，糯米放九分满即可，不要太多。米放好后，把长出来的芦苇叶折回来盖住糯米，检查粽身四周是否有米漏出来。最后用马兰草将粽子缠绑起来，缠粽子的时候不能太紧，否则粽子会发硬，体现不出软糯的口感。

包制

3. 蒸煮

粽子包好后放入锅中，在锅中加入没过粽子的水开火煮。蒸煮粽子过程中水分蒸发，粽子露出水面的时候加水。粽子最好在晚上煮，煮好后关火，放在锅里焖一晚上，第二天早上吃，蘸桂花蜂蜜食用味道更佳。

蒸煮

柒

秦镇米皮制作技艺·郭天祥

地道陕食大事业，一碗米皮一辈子

我必须把祖先留下来的家业和手艺传承下去，也会竭尽所能把秦镇米皮做成一个产业。我的一生做秦镇米皮这一件事就够了。

——郭天祥

扫描二维码
欣赏传承人微纪录片

秦镇米皮

项目背景

秦镇米皮制作技艺

秦镇米皮是陕西省西安市鄠邑区的一道传统小吃，属于陕菜系。相传秦始皇在位时，有一年陕西关中一带大旱，沣河缺水，稻谷枯萎，农民们只好在田里挖井浇地。待到收获季节，农民们好不容易打下的粮食却尽是稗秕，碾出的大米质量太差，无法向朝廷纳贡。有个叫李十二的人把大米碾成米粉，蒸出米皮，献给秦始皇。秦始皇吃后大喜，命秦镇每年的贡品只献米皮，这样就形成了久负盛名的美食——秦镇米皮。

秦镇米皮用产于鄠邑区沣河西岸的一种籼米制成，主要制作工序包括泡米、磨浆、点浆、蒸制和调味。米皮通常凉食，所以也叫凉皮。师傅当着顾客的面，用一把大刀把整张的米皮切成细条，拌上特制的辣椒油、醋和盐，加上芹菜丁、豆芽或黄瓜丝等小菜，一碗看起来红通通，吃来筋、薄、细、软、凉爽可口的秦镇米皮就可以上桌食用了。

长期以来，在关中地区流传着“乾州的锅盔岐山的面，秦镇的皮子绕长安”的俗语。可见，秦镇米皮很早以前就与乾州锅盔、岐山臊子面齐名为关中地区三大著名面食。

2007年，秦镇米皮制作技艺被列入陕西省第一批非物质文化遗产名录。

2008年，郭天祥入选为陕西省第一批非物质文化遗产项目秦镇米皮制作技艺代表性传承人。

匠人故事

这把10斤重的大刀是郭天祥多年的伙伴

人生种种，难以捉摸又暗合冥冥

秦镇位于陕西省西安市鄠邑区。就像兵马俑之于西安，说起秦镇，不得不提它的符号——秦镇米皮。1964年，郭天祥在这里出生，似乎从出生的那一刻起，他就注定和米皮难解难分。

郭天祥的祖辈大多以做秦镇米皮为生。郭家先祖于1879年在秦镇开店卖米皮，传至郭天祥手中已是第四代。自牙牙学语开始，郭天祥就对淘米、蒸制、调味这些词汇耳熟能详。15岁那年，他毅然跟着伯父学艺，在伯父的门店里帮厨，他吃苦耐劳的秉性和不断精进的手艺，深得伯父赏识。在伯父的悉心教导和生活的磨砺下，郭天祥日趋成熟。他时常望着深邃辽阔的天空，想象未来的样子。看着厚厚的家谱，对于如何更好地传承和发扬郭家的米皮手艺，他已然多了几分思考。

22岁那年，步入婚姻殿堂的郭天祥想到了创业，他和妻子来到西安市郊的徐家湾，开始摆摊卖米皮。他们互相鼓励、互相扶持，披星戴月成了家常便饭。

郭天祥的米皮店虽然不大，但却吸引了众多食客

那时在徐家湾，每天都能看见郭天祥的身影。他左手抵住米皮，右手端起近1米长、20厘米宽、重10斤的专用大刀，刀头按住不动，一刀一刀将米皮切成条状。时间一长，郭天祥练就了一项绝活——蒙眼切米皮。他可以熟练地将出锅不久的整张米皮摊开、抹油、蒙眼、提

大刀、切条、提起、装盘，一气呵成，整个切条过程用时不到2分钟。色白如雪、光滑如脂的米皮，加上嫩绿的菠菜、芹菜或黄豆芽，佐以香味十足的辣椒油和五香料醋，吃在嘴里柔韧而有筋劲，且越嚼越香。

郭家的先人们融会贯通，将秦镇米皮传承至今，调制出的米皮佐料已达80余味，这是郭家米皮成功的秘诀之一。郭天祥在传承祖传秘方的基础上广开思路，推出黑米、小米、醋淋等多种风味的米皮。在制作工艺上，他严把原料关，精选清茬米，秘制辣椒油，慕名而来的顾客越来越多，“郭家米皮”很快在徐家湾有了名气。

在消费者眼里，米皮最重要的是味道，但在千帆竞发的米皮市场中，免不了优胜劣汰。甚至有些不择手段的竞争者们，千方百计给郭天祥制造麻烦，试图将郭天祥赶出徐家湾。郭天祥在一次一次化解危机的同时坚定了信心，他甚至觉得，这是上天对他的考验。

25岁那年，郭天祥的儿子出生了。这个时候的郭天祥通过辛勤劳动，赚到了人生中的第一桶金，他终于不必再风餐露宿，开了人生中的第一家店铺。

宁让百人吃十次，不让千人吃一回

郭天祥常说，“宁让百人吃十次，不让千人吃一回”。越来越多的回头

郭天祥认真调制每一碗米皮

客口口相传，“郭家米皮”的品牌影响力也越来越大，郭天祥决定进军西安市区。

一碗米皮重7到8两，每一份米皮都保证筋、薄、细、穰、光、香、辣、爽，每一份佐料都按照配方精心配置。从泡米、磨浆、点浆、上笼屉蒸制，再到用盐、醋、味精、辣椒油等调好端上餐桌，郭天祥事无巨细都亲力亲为。如今的“秦镇郭家米皮”西安总店每天要卖近1500公斤凉皮，每天要调制150公斤辣椒油，陕西乃至全国也有了越来越多的“秦镇郭家米皮”分店。

2008年，陕西省文化厅正式公布了陕西省第一批非物质文化遗产项目代表性传承人名单，秦镇米皮制作技艺代表性传承人郭天祥荣列其中。2009年，郭天祥又成为该项目的市级传承人。

此时的郭天祥看到了自己肩上更重的责任。秦镇米皮的制作技艺是祖祖辈辈智慧的结晶，将这项技艺传承下去，将秦镇米皮的品牌扩大化、规模化是当务之急。

郭天祥的秦镇米皮徐家湾总店的墙上挂满了荣誉证书

几年来，郭天祥陆续注册了“秦镇郭家米皮”商标，成立了西安市鄠邑区秦镇米皮有限公司和鄠邑区秦镇凉皮协会。他在经营门店的同时，不断深入市场，调研米皮市场现状，发现鱼目混珠的秦镇米皮不在少数。有些店面未得到协会授权，却打着“秦镇米皮”的名义出售自制米皮。市面上的自制米皮大多不重视质量，有的甚至忽视食品安全。长此以往，不仅影响传统手艺的传承，也会降低消费者对秦镇米皮的信赖，更无益于将品牌做大、做强。

正宗的秦镇米皮仿佛羊皮纸，透光甚至透形，盛在碗里，密密匝匝，好似一个整体，挑起来又根根分散，毫不粘连。调味品的熬制配方更是独具特色，熬制的醋有醋香而无醋酸。不多的佐料和刀工如柳丝的凉皮均匀融合，色香味一应俱全。每一处细节都举足轻重，影响着米皮最终的口感和味道。这是那些冒名顶替者们无法做到的。

让秦镇米皮得到完整的保护和传承

为了让米皮市场标准化，让秦镇米皮的品牌有序发展，从而引导产业升级、促进行业变革、推动区域产业及经济发展，郭天祥联合相关部门，制定了相关的规定和办法。

郭天祥的身份也越来越多，非遗传承人、企业家、西安市鄠邑区秦镇凉皮协会的会长、“秦镇”“秦镇凉皮”“秦镇米皮”等商标的所有人……这些身份的背后是郭天祥对故乡秦镇矢志不渝的爱，也是对秦镇米皮这门手艺更为深思远虑的保护。

事实上，对秦镇米皮这个文化品牌的保护和弘扬，给秦镇带来巨大的商机，也促进了当地旅游产业的发展，很多人不远千里来到秦镇，就为了吃一碗正宗的秦镇米皮。

2012年中国著名米皮制作百年老店、2017年世界米其林工匠、2017年丝路特色美食联展金奖、2017年优秀企业家……一系列荣誉的背后，是郭天祥几十年如一日的坚持。如今，郭天祥的儿子作为秦镇米皮第五代传承人正式接班，他和父亲一样，立志让秦镇米皮这份扎根故乡的产业走得更远。

技艺展示

用米皮蘸辣椒油是秦镇米皮真正的美味精髓。郭家的辣椒油是在适度的油温下，放入由80多味料打成的调料，再放入辣椒面，最后用少许户县大王醋去草腥。这是由郭家四代人经过不断试验与调配，最终得到的秘方。

令人垂涎欲滴的秦镇米皮

美味的秦镇米皮离不开这些精心配制的调料

技艺教学

1. 泡米

准备适量籼米（米皮专用米，无黏性），除去杂质、米糠等，清洗后用水浸泡10小时左右。水的量稍多一些，以保证米胀发后还能没过大米。

泡米

2. 磨浆

将浸泡好的大米捞出沥干，打开磨浆机，加米，磨出来的米浆必须放入瓷盆内。最初1分钟内磨出的浆尽量不用。

磨浆

3. 点浆

按1000克大米磨出来的米浆加600克开水的比例，往磨好的米浆中点开水。点浆时朝一个方向，水流与大拇指一样粗。点好的米浆里如果有浆块，可用漏勺把浆块捞起，再用勺子把浆块打碎。

点浆

4. 蒸制

往锅里加水烧沸，备好凉皮锣，用勺子盛入磨好的米浆，使米浆平摊均匀，厚度约0.5厘米，以不漏空隙为准。然后把锣放入锅内，盖上锅盖，蒸1分钟左右。待米浆有些透亮时，米皮已熟，即可取出。

蒸制

5. 调味

在蒸好的凉皮上薄薄地抹一层熟油，取一张铺在案板上，用刀切成条状备用，加入秘制调料水，配上豆芽、菠菜或芹菜以及辣椒油等调料搅拌均匀即可食用。

调味

捌

妙手生花多形态，古城宴饺绝一品

中华老字号德发长饺子制作技艺·马顺莉

我 1985 年就来到了德发长，包了 30 多年饺子，我一直坚守在这个岗位上，我觉得这是我的责任。现在虽然在传承方面遇到了一些困难，但是我不能放弃，得继续努力，我相信中国的美食会吸引更多的人。

——马顺莉

扫描二维码

欣赏传承人微纪录片

德发长饺子

项目背景

中华老字号德发长饺子制作技艺

德发长饺子是西安的特色美食之一。德发长饺子馆是由赵辑五先生于1936年创建的。改革开放后，魏玉芳、马运生等几任总经理抓住机遇，大胆创新，将原来单一的饺子发展为融南北风味于一体的饺子宴、二十四节气饺子，并添加菜品以满足不同层次顾客的消费需求。经过几代人的不懈努力，德发长饺子馆现已发展成为全国餐饮业的品牌企业。

德发长饺子制作技艺采众家之长，将选料与味道、烹饪与营养、形态与艺术、饮食与文化等巧妙地融合在起，具有“一饺一形一态，百饺百馅百味”的特点。饺子造型千姿百态，花鸟虫鱼栩栩如生，并且综合了捏塑、雕塑、组合、点缀等技艺，使每一款饺子的造型都与现代艺术巧妙地结合在一起。二十四节气饺子的制作灵感源于我国古代创立的二十四节气，选用每一个节气里最先生成、最为鲜嫩、最具有营养价值的动植物作为原料，制作成该节气的时令饺子。

德发长人80多年来坚持奉行“以德为本，质量领先，精诚服务，宾至如归”的经营服务宗旨，使饺子这一美食受到国内外顾客的深深喜爱。

2007年，中华老字号德发长饺子制作技艺被列入陕西省第一批非物质文化遗产名录。

2010年，马顺莉入选为陕西省第二批非物质文化遗产项目中华老字号德发长饺子制作技艺代表性传承人。

匠人故事

人生的改变，也许只是因为几句话

人生的改变有时就取决于那么关键的几步，也许因为遇到了某一个人，也许因为某件事情，更奇妙的也许因为坐错了一趟车，或是听了某人的几句话，你的人生就改变了前进的方向。马顺莉之所以能把饺子包了30多年，并且包出了荣登吉尼斯世界纪录的色彩花样，正是由于父亲的几句话。

小时候，马顺莉的家就在西安市中心——钟楼的附近。她对钟楼周边大街小巷的每朵花、每棵草、每块砖都熟悉得如同自己的手指头，她也深深爱着这座古城。

15岁的时候，马顺莉刚初中毕业。她和同学们路过钟楼旁边的西安饺子馆（德发长饺子馆的前身），见饺子馆小小的门脸上贴着一张招工启事，同学们叽叽喳喳地议论说：“咱们报名试试去，包饺子谁不会？反正放暑假在家也没事干，全当是体验生活。”马顺莉也没和父母商量，就去饺子馆应聘上了班。

马顺莉被分配到了后厨。后厨有和面的、拌馅的、择菜的和拌凉菜的，但最基本的活儿就是包饺子。饺子馆的师傅对新招聘的员工们进行测试，问他们：“你们会干什么？”马顺莉把嘴一撇说：“会包饺子啊。”师傅让她包几个试试，马顺莉按照家里传下来的手法，精心捏了几个花式精美的饺子，可师傅皱起了眉头：“这样的饺子，在我们店里一个都卖不出去。从现在开始你们都属于协同工，学习时间三个月，每个月进行一次考核，考核成绩直接和奖金挂钩，三个月的考核不合格就终止协同。”

马顺莉（右二）与同事们在钟楼合影

师傅的话，马顺莉压根儿就没往心里去。第一个月她像小猫钓鱼似的没定性，一会儿拌饺子馅，一会又去擀几个饺子皮，就像只花蝴蝶一样，在后厨里飞来飞去。第一个月考核，一组18个人，马顺莉“荣登”最后一名。

第一个月最差的业绩并没有使马顺莉在意，她想放暑假在家几个月都是“放羊”，在饺子馆体验生活，也和“放羊”差不多，家里条件好，奖金多少都无所谓。

第二个月马顺莉仍没有任何进步，她依旧拿到了倒数第一名的名次。这一次，她的领导和师傅毫不客气地批评了她，马顺莉委屈地跑回了家，在父母跟前一边说一边哭，母亲心疼地说：“这个工作不适合咱，咱不干了，别难过，先吃饭，明天想去就去，不想去就不去了。”

马顺莉：晚上我就对父亲诉苦，说我自己在家什么都没干过，在饺子馆什么都得干，要抬面粉，要倒垃圾，还要清理又脏又臭的泔水桶。有一次我提着一大桶泔水下楼梯时，不小心踏了空，连人带泔水桶滚下了楼梯，弄得浑身都是泔水。

父亲并没有一味地娇惯自己的女儿，他语重心长地对马顺莉说：“任何人干任何工作，都是从底层一步一步往上干的，都要吃苦。你如果觉得自己不适应这个工作，咱就辞职不干了，以后再改行做别的，但是你能保证从事别的工作，就不会遇到困难吗？如果努力了却没有效果，那就索性不干了，如果没有努力，还是要从自身找原因。”

父亲的话让马顺莉想了一个晚上，第二天起床后，她重整心情上班去了。

第三个月马顺莉成长了，她瞄准了在擀、搓、叠、捏几个方面做得最好的师傅和同事，向他们认真地学习。这一个月下来，马顺莉在考核时获得了第一名，拿到了50元的最高奖金。1985年，人们每月普遍只有四五十元的基本工资，因此这么高的奖金是令人艳羡的。马顺莉用平生第一笔奖金给父母和自己各买了一件衣服，这个精神上和物质上的双重收获，也使她在德发长饺子馆安定了自己萌动的心。

我想的最多的就是把饺子做得像花一样

在中国的传统美食中，饺子无疑占据着重要的位置，“好吃不过饺子”“谁家过年不吃顿饺子”，说明了饺子在老百姓的餐桌上是何等的重要。当年和西安钟楼一路之隔的德发长饺子馆，每到饭点都会宾客盈门，熙熙攘攘。随着改革开放和经济形势的发展，人们的饮食日趋丰富，饺子不再是大家的奢望之物。德发长饺子馆顺应时代潮流，推出了品目繁多的饺子宴。馅料丰富、形态活泼多样的饺子宴一经推出，就受到了广大食客的欢迎，外地来西安的客人更是赞不绝口。

饺子宴的推出促使饺子在食材和形态上不断进行创新，为此，德发长饺子馆专门成立了研发小组。马顺莉从实习的第三个月得到了小组的第一名后，她在所有考核中的名次就总是排在前列。马顺莉被领导和同事们推举为研发小组的组长，这个研发小组组长的头衔一直挂到了她退休。

可爱的“饺子沙滩”

憨态可掬的“海星饺子”

马顺莉：当年我们进店的时候，师傅只是把做饺子的技艺教给我们，而现在的很多饺子都是我们自己原创的。创新出来后，我们就拿到前场去试卖，客人们感觉好的我们就保留，客人们感觉不好的我们就淘汰。过去德发长饺子主打的是咸鲜口味，烹调方式也比较单一，后来慢慢地从单一的蒸煮方式改为蒸、煮、煎、炸、烤、烙等烹饪方式，口味也增加了麻辣味、酸甜味、水果味、果仁味等，甚至还有咖喱味、泡菜味。

自从加入研发小组后，马顺莉把更多的心思放在了饺子品种的创新上。外出开会，参加比赛或者去旅游，她去的最多的就是小吃店，品尝各地的特色美食，一旦有了灵感，她总是在第一时间回到操作间和同事们一起动手制作。

马顺莉：南方有汤包和糯米糕之类的小吃，北方人虽吃不惯，但偶尔也想品尝一下。为了好看、好吃，我们就把南方的糯米和面揉在了一起，又加入紫薯或火龙果，做成水果或小动物的形状。这样的饺子，无论是南方人还是北方人都很喜欢，尤其得到女同志和孩子的喜爱。

2008年，吉尼斯世界纪录总部来到了德发长，现场拍摄了马顺莉她们制作饺子的全过程。马顺莉和4位同事同时制作，从上午8点到下午5点，用上

德发长酒店申报上海大世界吉尼斯纪录评审活动现场

了蒸、煮、煎、炸、烙等烹饪手段，所有口味、品种的饺子在9个小时内全部完成，德发长318个饺子品种荣膺了吉尼斯世界纪录。

我们的饺子能够征服全世界的口味

2012年，德发长奉命派出团队去美国纽约的中国领事馆，参加外事活动。马顺莉和8位同事负责500多人的多种饺子和其他餐食的制作。由于语言不通，她们在购买食材和使用厨房设备时都遇到了困难，后经过多方协调和连续36个小时的加班加点，马顺莉和同事们终于圆满完成任务。宴会结束时，她们被从后厨请到了餐厅，得到了全体外交人员的鼓掌感谢。

马顺莉：宴会结束后我们回到了后厨，才觉得又累又饿，可美国厨房的冰箱里除了冰激凌和可乐，什么吃的也没有，我们就用剩下的馅和饺子皮包了点饺子。饺子煮好后，我们邀请美国的厨师长一起吃。我给她盛了20多个，结果她几下就吃完了，用手指着饺子馅，意思是还要吃，我们又给她包了20多个，她还是很快就吃完了，可见她对我们的饺子有多喜欢！

2014年2月，马顺莉和她的团队去摩洛哥参加今日中国艺术周活动，展示中国的烹饪技术和饮食文化。14天的时间里，马顺莉和同事们包制的牛肉饺子供不应求。马顺莉在包饺子时，外籍的餐厅老板就目不转睛地看着她擀皮儿、包饺子，掐着表计算着马顺莉一分钟能擀多少张皮儿、能包多少个饺子。老板通过翻译对马顺莉说：“你的手法真是神奇，中国的饺子是最棒的。”

要像我的师傅爱我一样去爱我的徒弟

马顺莉被评为中华老字号德发长饺子制作技艺代表性传承人后，她觉得肩上的担子重了、责任大了。她仍是用师傅当年对她那样的爱心和热心，对待自己的徒弟。马顺莉逢人必说自己的师傅高随娥。

马顺莉：我刚进店的时候高随娥是经理，也是我的师傅，她对我特别好。我调皮或者跟她闹的时候，她也不生气。有一次我发烧了，她摸我的额头有点烫，不仅给我买了退烧药，还把我领到西安市第一医院去打针。我每次参加比赛她都鼓励我，对我真像对自己的女儿一样。如果没有她的批评、鼓励和帮助，我可能不干这一行。

长年累月的苦练，才成就了马顺莉高超的制作技艺

马顺莉的师傅就像是一个光辉的榜样树立在她的面前，她当了师傅后也像自己的师傅那样对待徒弟和新的员工，她的目标就是要把德发长饺子制作的技艺一代代地传承下去，让这个品牌永远闪闪发光。

技艺展示

与一般饺子宴只吃饺子的传统不同，德发长饺子宴以饺子为主，同时配冷菜、热菜、饮品，进行有机地组合搭配，给不同原料、形状、颜色、口味的饺子冠以相应的美好名字，增添了饺子宴的文化色彩和欢庆气氛。

"柿柿如意"饺子

"花朵盛开"饺子

"扇贝"饺子

技艺教学

德发长饺子宴，达到了“一饺一形一态，百饺百馅百味”。每个饺子都是一件艺术品，具有观赏价值。与传统家庭饺子包制方法不同，德发长饺子创新性地选用鸡、鸭、鱼、蛋、海味、果品等口味丰富又富营养的食材来做馅，还采用了多种烹饪方法，增添了酸、甜、麻、辣、鱼香、怪味等多种口味，满足各类食客的不同需求。

德发长饺子打破了传统月牙形、角儿形的形制，将烹饪技术与造型艺术融为一体，制作出各类造型逼真、口味独特的饺子

玖

誉满西北德懋恭，传承香甜不弃根

中华老字号德懋恭水晶饼制作技艺·雷焰

西式点心的关键就是研发、推新，一个产品卖很短的时间就得更新。中式糕点看着品种不是很多，但一个产品能卖很多年，很多食客从小吃到大。这也是中国的传统文化，是中国的根。

——雷焰

扫描二维码
欣赏传承人微纪录片

德懋恭水晶饼

项目背景

中华老字号德懋恭水晶饼制作技艺

蜚声古城西安的中华老字号德懋恭食品商店创建于1872年，迄今已有100多年历史，是西安市仅有的一家保持传统工艺制作技艺的百年糕点店。其主要产品为陕西名点——水晶饼及其系列产品，因其口味独特而“享誉西北，陕西为最”。德懋恭水晶饼是一种酥皮点心，主料为面粉、白砂糖、猪板油，配以核桃仁、冰糖、玫瑰、黄桂等十多种辅料手工精制而成，其馅晶莹透明如水晶，故得此名。德懋恭水晶饼甜香酥软，味美醇厚，深受消费者喜爱，是西安及其周边地区百姓逢年过节时的必备食品，也是走亲访友时相互馈赠的佳品。

百年来，德懋恭始终坚持“以质求存，以信为本，持续改进，不断发展”的服务宗旨，不断提高产品和服务质量，以满足广大消费者日益增长的消费需求。

2007年，中华老字号德懋恭水晶饼制作技艺被列入陕西省第一批非物质文化遗产名录。

2017年，雷焰入选为陕西省第五批非物质文化遗产项目中华老字号德懋恭水晶饼制作技艺代表性传承人。

匠人故事

闻着点心的味道长大

在20世纪60年代，点心对于每个小孩乃至每个家庭来说无疑都是奢侈品，虽然那时还没有名目繁多的各式糕点，就那么简单的几个品种，却足以让人馋涎欲滴。如果有一盒德懋恭水晶饼，自然就是礼物中的佳品了。雷焰的一位家在农村的朋友说："村里的张老七喜欢张扬，曾一手提着茶壶，一手托着个水晶饼，从村东头走到村西头，逢人就说那是儿子从省城捎回来的——德懋恭水晶饼。"

出生于1966年的雷焰，从懂事的时候起，脑海中就充满了关于糕点的记忆，然而他更多的却是要努力抵御糕点香味对自己的诱惑。雷焰刚上小学时，父亲就过世了，姐姐也下乡插队去了，母亲在糕点厂上班。放学后或星期天，母亲无暇照顾雷焰，只能让他在糕点铺周围玩耍。她不愿意看见儿子的眼睛总是在各式点心上打转，更不会从糕点箱的底下捏一把点心渣给他解馋，但母亲常常会带他去点心制作车间看工人们如何做点心。一袋袋面粉变成一个个面团，一个个面团又被师傅们揉成一个个小点心，好奇的雷焰被师傅们的手艺惊呆了，他也时常在师傅们的指导下做几个样式简单的点心。时间久了，他做的小点心倒也有些像模像样了。

1982年，按照企业子弟可以接替父母上班的政策，雷焰接替母亲到糕点厂的门市部上班，但让大家大跌眼镜的是，雷焰却主动提出要到糕点制作车间去工作。糕点厂门市部的工作就是卖货收钱，既干净又轻松，而制作车间里的工作却要辛苦许多。一年四季在油锅旁炸制点心，身上的每个毛孔似乎都散发着油烟的味道。雷焰没有想太多，他只是觉得制作车间里的一切都是自己所热爱的，他喜欢这里。

包制水晶饼

雷焰上班的第一天就遇上制作车间赶制中秋月饼，他和师傅们一起准备辅料。他的工作是用刀切橘饼，橘饼又硬又韧，如果没有好刀工，既费力又不出活，没能掌握好窍门的雷焰，第一天就把两只手磨出了血泡。他从师傅们的眼神中看出了他们在问自己是否后悔来到制作车间，第二天他用自己的实际行动——继续兴高采烈地切橘饼，表达了自己对制作点心的执着。

把自己的感情都放在了点心里

从在糕点制作车间上班的第一天开始，雷焰就把自己的心交给了点心制作，他觉得自己对这份工作完全没有陌生感，这也许得益于他从小在制作车间里的熏陶。

雷焰：我在北大街食品店工作的一年时间，学会了40多种糕点的制作方法。当时我才17岁，年龄小，也没人强制安排我干啥，可下班了我仍舍不得离开。我就站在油锅跟前看师傅炸油糕，观察油温，牢记需要炸多长时间。我还学着熬糖浆，比如做“迎春糕”“芙蓉切”这些点心，品种不一样，熬制的糖浆也是不一样的。我就跟着师傅苦心学。

善于学习、琢磨和钻研的雷焰时常被师傅们交口称赞，他们说：“给别的娃说多少次都不管用，给雷焰就不用说，你光让他看上两次，他啥都会了。”当年烘烤点心使用的是烧煤的烤炉，烤制时必须一次加够合适的煤量，中间加煤会影响温度，点心质量难以保证，还会因为加煤扬灰而污染了糕点，这些技巧是没有人教的，全凭雷焰自己琢磨。雷焰硬是凭着自己一次次的尝试，最终达到了一次把煤加好的地步。

20世纪的德懋恭店

1986年，雷焰被调到德懋恭店，开始学习制作水晶饼。德懋恭在陕西是一个名气很大的品牌，雷焰虽是久仰其名，但水晶饼到底如何制作，他心里可是没底的。虽说是调他去制作水晶饼，但并没有哪个师傅去带、去教他。雷焰知道水晶饼和别的白皮点心不同的地方在于馅料，点心馅的味道是能吃出来的，但拌馅的方式是吃不出来的。雷焰仔细观察水晶饼制作的每道工序，并认真琢磨馅料的拌制方法，终于发现水晶饼拌馅的诀窍在于对猪油的使用。普通白皮点心拌馅时使用的是提炼好的熟猪油，操作方法好掌握，而水晶饼馅料使用的是生的猪板油，冬季和夏季的用量不同且难以把握。

雷焰：我非常喜欢做糕点，也爱钻研，那时候也没有人教，都是我一个个环节去看、去学的，硬是在几个月的时间学会了做德懋恭水晶饼。

雷焰最自豪的一件事，是当年加班制作水晶饼时的一段小插曲。一年春节前，德懋恭水晶饼供不应求，雷焰和他的同事们纯手工包制水晶饼，七八个人一晚上能做出1000多千克。经理孔夫喜知道雷焰手上的功夫，当雷焰包点心时，经理就站在旁边，他包一个，经理就拿秤称一个，经理称的每一个水晶饼都是68克，最后经理在大会上表扬说，雷焰的产品就是免检产品。

雷焰每天都要在后厨严把各个环节的质量关

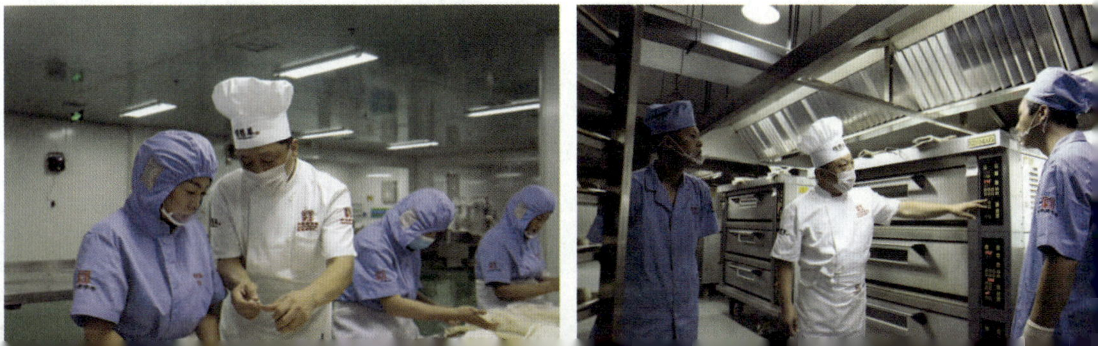

守住老陕心中的那份记忆

随着社会经济的不断发展，糕点食品行业早已是异彩纷呈，品种琳琅满目。德懋恭水晶饼没有了当年的门庭若市，也就没有了更多的年轻人愿意学习这门技艺。但是，雷焰却不愿意让这一民间的珍贵技艺失传，他总是想方设法去“拜访”徒弟，一旦发现有热爱制作糕点的年轻人，就上门施教、用心培养，毫无保留地把自己几十年积累的独门绝技传授给徒弟。雷焰经常告诉徒弟们一句话：“手艺人要守住自己的良心，要珍惜自己手上的功夫，吃的东西不敢糊弄人。”

传统也在发展，也面临着创新，雷焰也没有停下自己的脚步。

红色印章盖中央

雷焰：现在人们生活好了，出于健康的考虑，对高糖、高油的东西不是很喜欢了。我们在保留传统水晶饼的基础上，开发了很多适合现代人口味和需求的新产品，比如椰蓉水晶饼、五仁水晶饼、黑芝麻水晶饼、枸杞水晶饼、果仁水晶饼和杏仁水晶饼等十几个品种，而且设计图案也不断更新，赢得了年轻人的喜爱。

技艺展示

水晶饼面色金黄，四周雪白，素有“金底银帮鼓鼓腔，红色印章盖中央”的赞誉，被誉为“秦点之首”。

秦点之首

技艺教学

1. 和面

（1）水油皮：先将食用猪油和水充分搅拌均匀，加入面粉继续搅拌成絮状，再将水分两次加入搅拌至团状，松弛5~10分钟后，再搅拌10分钟。第二次松弛5~10分钟后，继续搅拌至光、筋、绵、不粘手即可。

和面

（2）油酥：面粉加猪油搅拌成团，软硬合适即可。

2. 制馅

将板油丁、白砂糖、糖粉搅拌至软硬合适（用手能捏成团），加入青红丝、核桃仁、橘丁、玫瑰、黄桂、冰糖等辅料，搅拌均匀，待用。

制馅

3. 分割面团

（1）水油皮：每块2010~2020克，揉光，松弛10~20分钟，再揉光，松弛10~20分钟。

（2）油酥：每块980克，静置待用。

分割面团

包酥

开酥

包制

成型

盖章、摆盘

烘烤

4. 包酥

将松弛好的水油面团向四周压成中间厚、边缘薄的面饼，包入油酥，收口。用双拳从中间依次向四周均匀挤压成直径为33~35厘米的面饼，松弛待用。

5. 开酥

将松弛好的面饼用开酥机反复擀压四次，擀至宽45厘米的面片状，顺长的一边儿压实卷起，成筒条状。要求层次为5~6层，松弛待用。

6. 包制

按照皮：馅=1：1的比例包制，要求口严馅实，皮子薄厚均匀，表面干净。其内馅直径为37毫米，皮厚度为40毫米。

7. 成型

用手掌将生坯按压成直径45毫米、高度38毫米的圆柱形。要求收口要压紧、平整，不能歪斜。

8. 盖章

将印章盖在生坯的正中央。要求字迹清晰，颜色均匀。

9. 摆盘

将生坯按照一行9个，一盘6行的规格，面向下摆入烤盘中。要求间距相等（间距1厘米），均匀整齐。

10. 烘烤

将摆好盘的生坯送入面火250℃、底火263℃的烤炉中烘烤18分钟，出炉翻盘、冷却。要求色泽均匀，翻盘整齐。

拾

千层饼香万口赞，弘扬传统敢当先

陕西潼关肉夹馍制作技艺·梁宝萍

我之所以能走到今天，就是因为我不怕苦、不怕累，也不怕被火炉子烫伤。我始终坚持质量第一，要把我们的品牌做大做强！

——梁宝萍

扫描二维码
欣赏传承人微纪录片

项目背景

陕西潼关肉夹馍制作技艺

地处晋、陕、豫三省交界的潼关县，是闻名古今的交通要道和军事要塞。军旅驻守、政要巡查、商贾往来，繁荣的商贸活动逐渐培育出了当地最负盛名的民间小吃——潼关肉夹馍。

潼关肉夹馍与其他肉夹馍的区别主要在于烧饼和卤肉。潼关肉夹馍的烧饼制作方法非常独特，先将小麦面粉加温水、碱面、猪油等进行手工搅拌，再和成面团，接着把面团搓成条、卷成饼，在特制的烤炉内烤制。待花色均匀，表面泛黄时取出。刚出炉的烧饼里边是一层层的，皮薄瓤软像油酥饼。

潼关肉夹馍的卤肉用秘方制成，肥而不腻，瘦而不柴，香味醇厚，夹于香脆的烧饼内，让人垂涎欲滴。

2011年经陕西省人民政府批准，陕西潼关肉夹馍制作技艺被列入陕西省第三批非物质文化遗产名录。

2012年，梁宝萍入选为陕西省第三批非物质文化遗产项目陕西潼关肉夹馍制作技艺代表性传承人。

匠人故事

在擀面杖敲击案板的声音中成长

说起梁宝萍的父亲梁喜娃，在潼关县城可谓是小有名气。梁喜娃16岁时师从吕劳，学习做肉夹馍。他虽然没有多少文化，但聪明好学，喜于钻研，他把从吕劳师傅那里学到的手艺又进行了改进，无论是卤肉配料还是手工打馍方式都有了变化。梁喜娃做出的肉夹馍更酥、更脆、更香，甚至远销到河南灵宝一带。

新中国成立以前梁喜娃自己开了一间卖肉夹馍的小铺子，后来实行公私

梁宝萍的父亲——梁喜娃

合营，他的小铺子被并入了合作饭店。合作饭店里有卖面条、馄饨的，也有卖凉粉、面皮的，可当上了经理的梁喜娃仍在店门口做他的肉夹馍。

梁宝萍上学时总要从饭店的门口经过，她老远就能听到父亲擀饼时用擀面杖敲击案板的清脆声音。擀面杖在父亲手里如同架子鼓鼓手手中的鼓槌那般灵活，敲击在案板上的节奏如同一首动听的音乐，“叮叮当”“叮叮当”的声音会传得很远。

梁宝萍：父亲不管是给自己干，还是给公家干，都特别用心敬业，勤勤恳恳。他关爱职工，却对自己要求严格，我们家的孩子想在店里吃个他打的馍，那是绝对不可能的。

梁宝萍知道父亲做肉夹馍是非常辛苦的。每天天不亮就得去上班，先是买肉、洗肉、剔肉、卤肉，然后才开始和面，等肉卤好后就开始没完没了地敲击着案板打馍。夹肉的饼子得一个一个地擀好，再用手一个一个地贴进滚烫的铁炉子里去。上班期间，只要店里有客人，几乎没一分钟是空闲着的。

听着父亲拿擀面杖敲击案板的声音，眼馋着父亲做出的香酥肉夹馍，梁宝萍骄傲地想：我要好好上学，争取要考上大学，今后才不干爸爸这样的累活哩。

然而，生活有时却喜欢跟人们开个不大不小的玩笑，让你猝不及防。梁宝萍最后和丈夫都做起了肉夹馍，而且做成了大气候，这是大家万万想不到的。

排除万难，承袭衣钵

在父亲的熏陶下，梁宝萍长大了。成年后，她走出潼关到外地工作。然而到了1992年，因为所在单位不景气，她和丈夫都下岗了。为了摆脱生活的困境，当时已经45岁的梁宝萍毅然决然地承袭起父亲的衣钵。

梁宝萍：我和丈夫下岗后没别的事情可以做。丈夫以前是单位的司机，于是我们就贷款买了辆车跑运输。因为经营不善，车开不成了，反而欠了别人很多钱，我只好整天在市场上转悠，看有什么生意可以做，最后猛然想起了父亲的生意。当时父亲虽然退休了，但他的技术还在，这么好的手艺我们得捡起来干。

没想到当他们提出要做肉夹馍的事情时，却遭到父亲的坚决反对。梁喜娃明白做肉夹馍的劳累和苦楚，他实在不愿意女儿像自己一样走上这条路——毕竟女儿已是四十几岁的人了。梁宝萍苦心劝道："您退休了，我们干，您只是在一边指导着就行，又不劳烦您亲自动手。"梁喜娃忧心地说："做肉夹馍，尤其是打饼子并不是像你们打搅团那么容易，我站在一旁说你们自己使劲搅就行了。这个事我知道你们干不了！"

但梁宝萍的决心很大，她不仅自己劝说父亲，还请来了抚养父亲长大的大姑奶奶做说客。父亲终于被说服了。

梁宝萍：我父亲当时就表明了态度，说他做了一辈子馍，从来没有一个人说他的馍不好、肉不好，这是对产品的认可，更是对他人品的认可。他要求我做生意必须有良心，肉能多夹绝不少夹，不做亏人的事。另外他还考验我，问我能不能把手伸到焦炭烧得正红的炉子里去。我没有犹豫地点了点头，答应了父亲的所有要求。

后来，每当梁宝萍感到辛苦的时候，她更加能理解父亲不愿意让她从事这一行的一片苦心。

强大的生活压力往往可以使一个人创造出连自己都难以相信的奇迹来。1998年12月，梁宝萍利用父亲几十年来积攒下的良好口碑，在潼关县挂出了“老潼关梁喜娃肉夹馍”的招牌，她的第一家肉夹馍店终于开张了，梁宝萍夫妇把父亲请到店里当主厨，然后跟着他学起了手艺。

梁宝萍夫妇在自家小店前的合影

这家店是梁宝萍以7300元的价钱租下来的，这些钱也是兄弟姐妹和亲戚们凑的。因为缺钱，店铺没能装修，只是进行了认真的清扫。梁宝萍难以忘记新店开张的那一天。前一晚，夫妇俩洗洗涮涮忙到深夜12点，第二天早上6点就开始生火煮肉，天麻麻亮时就开始和面打馍。开张的第一天，梁喜娃在店里盯着女儿的每一个动作和每一个细节。在父亲严苛的要求下，梁宝萍一刻都没有停。她原来计划要卖一天的馍和肉，到了下午3点就全部卖光了。一些慕名而来却没吃上肉夹馍的顾客遗憾地说："多年没吃梁喜娃的馍了，真想再尝尝这一口！"

梁宝萍严格地按父亲教给她的技艺扎扎实实地打好饼、卤好肉，新店开张的第一天就名声大振，没出一个月生意就红火起来，一年时间她就还清了债务。

生意虽然很好，但每天的劳动强度却是常人难以承受的。

和面是个辛苦活

梁宝萍：我每天早上7点起床，8点前赶到店里，把送肉师傅的肉接了就开始生火、洗肉、煮肉，接着就打扫卫生整理店铺，9点多就得把第一锅肉卤出来，一直到晚上8点多打烊，都没有空闲的时间。有一年顾客太多，我一直不停地夹馍，想上厕所都没有时间，结果得了膀胱炎。父亲十分心疼我，我说我一定会坚持到底。

梁宝萍的丈夫开了半辈子的车，以前他连下面条都不会。快50岁的人也是从头学打馍、卤肉，很快就成了一把好手。经他手卤出来的肉连向来挑剔的梁喜娃也点头说好。

第一家店的成功并没有让梁宝萍放慢自己的脚步，她认真地培养徒弟、培训员工，十多年时间里在陕西开了十几家分店。

坚信中国的美食一定能走出国门

梁宝萍当年下决心把父亲“逼上梁山”，又把自己和丈夫“逼上梁山”，紧接着她又要把儿子“逼上梁山”。

梁宝萍的儿子张楠上高中时，她正在经营着第一家店，姥爷梁喜娃对外孙说：“你今后要像你妈这样努力做事，好好学咱家的这门手艺，趁我还能给你指导，你得花点儿心思。”姥爷的话还没说完张楠扭头就走了。看着儿子这个样子，梁宝萍的丈夫生气地说：“他一天到晚只知道玩儿，我们辛辛苦苦有什么用?”梁宝萍似乎从儿子的表现看到了自己当年的样子，她在心里想：生活和磨砺总有一天会把他教乖的。

高中没毕业，张楠就应征入伍了。当了三年兵拿着退伍军人安置卡的他不愿意在潼关发展，就来到西安的一家机关单位上班。在机关单位的收入虽然不是太高，但轻松的工作环境却是令许多人羡慕的。

可没过多长时间，这平淡的工作就让张楠觉得无法接受。他想着姥爷一辈子虽然就是一个卖肉夹馍的，但他做的肉夹馍却让晋、陕、豫三省交界处的人们不惜驱车来购。母亲传承了姥爷的手艺也很快就做得风生水起。他们都是平常的人，但他们有着自己充实而不平凡的事业。

张楠：抗日战争时期，姥爷用担子挑着肉夹馍当军粮送给驻守潼关的将士。潼关解放后我姥爷在潼关老街开了店，不管是方圆百里的乡亲还是驻扎在当地的解放军官兵，没有人不爱吃姥爷的馍。我决定要把家里的手艺传承下去，不能把这个品牌只当作一个养家糊口的营生。我觉得“梁喜娃”这三个字是一份责任，我得担起这份责任。我要做潼关肉夹馍的传承人，这是我的使命。

看到张楠对梁喜娃肉夹馍品牌的认识和理解，梁宝萍和丈夫非常高兴，他们积极支持儿子创业，并和儿子一起研究和探讨如何把这个品牌做得更好。

2014年，在母亲的协助下，张楠在渭南开了一家分店，2015年又注册了陕西梁喜娃餐饮管理有限公司。2017年春天，在共青团中央组织的全国创新创业大赛中，张楠的团队在430家餐饮企业中脱颖而出，获得了银奖。

为了让自己更加充实，张楠在清华大学读了MBA（工商管理硕士），主攻餐饮专业。在北京读书期间他认识了很多同学，扩展了自己的眼界，很快就在北京丰台区西四环电厂路开了一家店。只有12平方米的店面，开业第一天的营业额就达到了5000多元。在北京第一家店的成功让张楠有了更大的野心，他迅速筹划起第二家店来。

张楠：当时我们就在北京长安街选了五百强企业聚集的办公地，那里有国贸和华贸，旁边是SKP商场，位置无疑绝佳。开门第一天就打了我们个措手不及，生意火得要翻天，门口排队的人把通道都堵了。顾客的反应非常好，很多搞餐饮的人来观摩，问能不能在王府井开上一家。一炮打响以后，我们遇到了很多的投资人，也开始引入新一轮资本的尝试。

梁宝萍为儿子的成功感到欣慰，她也为自己当初的选择而感到自豪。现在，她虽然已经到了可以免费乘坐公交车的年纪，但并没停下奋斗的脚步，她鼓励儿子大胆创业，争取和他一起把梁喜娃肉夹馍的品牌打到国外去。

技艺展示

千层烧饼

馍酥肉香

刚出炉的千层烧饼皮薄松脆，再加上香喷喷的卤肉，咬一口，掉渣烫嘴，馍酥肉香，口感极佳。

技艺教学

潼关肉夹馍制作技艺分为卤肉、和面、打饼、烤制、夹馍五道工序。

1. 卤肉

将五花肉洗净后切成块，放在装有特制配料的卤锅内浸泡、炖熟。

卤肉

2. 和面

将小麦面粉加温水、碱面和猪油等手工搅拌，和成面团，水的温度和原料配比全靠艺人经验。

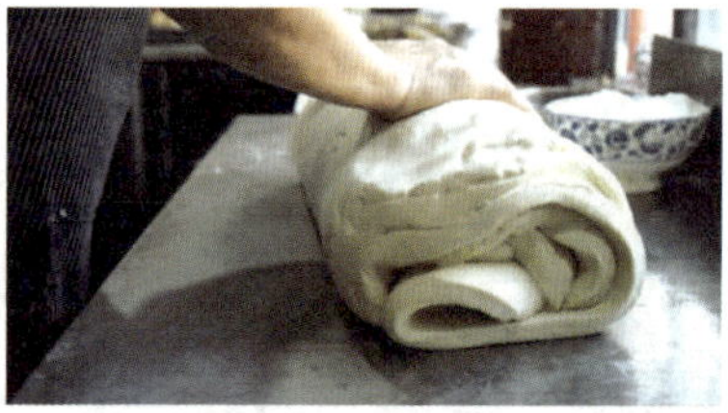

和面

3. 打饼

将面团先搓成条，抹上一层猪油后卷成油饼，用擀面杖有节奏地反复敲击，直到猪油层层渗入面团。

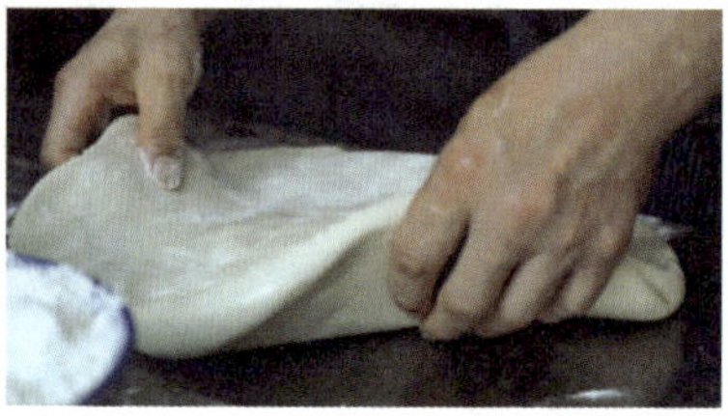

打饼

4. 烤制

将打好的油饼上鏊烘烤，待花色均匀，饼表面泛黄时取出。

烤制

5. 夹馍

将卤制好的肉剁碎夹入烤制好的饼中。

夹馍

拾壹

从前巷尾充饥肠，今日华丽登店堂

子长煎饼制作技艺·赵延东

父母那个时候是坚决反对我开这么大一个煎饼店的，他们想的是一个普通的煎饼，也就是在街边摊上卖的东西，咋可能开这么大的门面？这能挣到钱撑住门面吗？他们不让我开店，但我就是铁了心要开这个店。

——赵延东

扫描二维码

欣赏传承人微纪录片

子长煎饼

项目背景

子长煎饼制作技艺

子长煎饼是陕西省子长市著名的传统小吃。子长人爱吃煎饼，就连大年三十晚上也不例外。其实全国许多地方都有煎饼，然而子长煎饼却与南北各地的都不一样。

子长煎饼不像陕西关中的煎饼是用小麦制作，也不像山东煎饼是用玉米面制作，它的原料为荞麦。将荞麦去皮制成糁子，加水搅拌成团再稀释成糊状，经过滤后在铁鏊上摊烙而成。成型后的煎饼有一个显著的特点就是小，大约只有七八厘米宽，二十厘米长。其薄如纸，白似银，坚韧软凉，香美可口。

子长煎饼中的荤素菜品有猪头肉、红烧肉、酥肉、鸡肉、炒菜、凉拌菜、热豆腐、豆腐干等，最具代表性的是经过煮制的特色豆腐干。食用时的调料主要有醋、蒜汤、韭花、辣椒油、西红柿酱、芝麻等，食客可以根据个人口味自行搭配。

子长煎饼还具有生津解暑，降血脂、血糖等功效，有益于人们的身体健康。

2009年，经陕西省人民政府批准，子长煎饼制作技艺被列入陕西省第二批非物质文化遗产名录。

2009年，赵延东入选为子长煎饼制作技艺县级代表性传承人。

匠人故事

老几辈就靠着做煎饼谋生

赵延东听爷爷说，子长煎饼最早是从山西传过来的。明朝时，山西洪洞县大槐树的移民们在往陕北迁徙的遥远路途中，吃完了所带的食物，只能饿着肚子前行。不料又遇到了大雨，带的被子、行李等都被雨水浇湿了，有些面糊从枕头里溢出，原来是枕头里装着的荞麦被雨水浸泡后变成了糊状。移民们就把面糊烙成薄饼，夹着野菜充饥，子长煎饼就这样产生了。

赵延东的家里做煎饼已有近百年的历史了。1935年，他的祖爷爷开始做煎饼养家糊口。新中国成立后，他爷爷的煎饼摊被纳入了公私合营的范围，不能私自卖煎饼了。后来政策允许了，赵延东的父母就在街道的拐角支起桌子，把在家里摊好的煎饼拿出来卖。他们早上把卖煎饼的桌子支出去，到晚上打烊后搬回来，一张桌子上的煎饼生意就这样做了下来。

早年的子长煎饼摊子

赵延东早先发誓说今后不要跟着父母做煎饼，因为做煎饼太辛苦了。首先要把荞麦仁用水浸泡30分钟，然后放在案板上用手不停地揉搓两三个小时，直至泥状，再装到面袋里加水继续揉，直到把面浆全都揉出来，这个过程又得耗费几个小时。赵延东对父母长年累月、起早贪黑的劳苦早已司空见惯，如果节假日需求量大，全家老少都得跟着一块儿干。

赵延东：我就是在家里做子长煎饼的环境中长大的，因为子长煎饼的制作工序比较复杂，利润却比较低，所以我压根看不上它，后来就去外地打工，想走一条属于自己的路。

让子长煎饼走入门店

不愿意走父母老路的赵延东选择了参军入伍。1993年，17岁的他很顺利地进入了军营，在部队历练了3年后，于1996年年底退役。接着，他选择了去北京打工。然而，他的“北漂”梦并不美好。虽然他打工的地方多是饭店，和子长煎饼一样也属于餐饮行业，但他却从没能够上锅台、案板，只能干些又脏又累的杂活儿。日子久了，他觉得自己没有学艺出师的希望了。

赵延东：不在饭店干了以后我就去工地上打工，想着能多挣些钱，没想到工地上更糟糕。脚上穿的胶鞋被磨出了洞，水泥灌了进去后，脚就被磨烂了。每天只能挣10块钱，而要吃饱饭就得花6块钱，最后实在受不了就回来了。

经历过的各种磨难并没有让赵延东失落和沉沦，他也深深体会到要做出一点事业的不易。他觉得吃苦就是在交学费，而学费不会是白交的，你吃了苦、受了锻炼，就会对生活有更深入的体察，知道自己以后应该做什么。

从外地回到子长的赵延东在家里思索了几个月，最终，他把眼光聚焦在被自己家族经营了近百年的子长煎饼上。不同的是，他不愿意像父辈那样在街头的拐角处摆一张桌子，支一个煤炉子就开始做生意。

当赵延东准备贷款开门店经营子长煎饼时，父母无疑是极力反对的。他们的反对有着充分的理由，做煎饼本来就是用力气挣几个微薄的辛苦钱，这也决定了卖煎饼只能在街角巷尾摆个摊，做个小本生意，如果要开门店，光房租都付不起。

赵延东摸准了子长煎饼在子长县（今陕西省子长市）的市场行情，他认为在生活条件已经得到极大改善的今天，人们不会满足于站在大街上匆匆忙忙地吃上几口煎饼充饥了事，干净卫生的堂食才是子长煎饼的未来。

赵延东把街边小吃改为了干净卫生的堂食美食

2000年，赵延东在子长县城开起了80平方米的子长煎饼门店。在他的精心设计和改进下，子长煎饼一改往日街角小摊上的风格，华丽转身。明亮洁净的店面、别具一格的经营方式，加上赵延东对煎饼制作工艺和制作工具的改进，让食客们耳目一新。“登堂入室”的子长煎饼就这么被人们接受了。

“登堂入室”的子长煎饼

赵延东：原先的煎饼都是用塑料袋一装了事，我现在是把调料放进奶茶杯，煎饼放在特制的西点盒子里，盒子上面印有我店里的LOGO（标志），顾客看着就舒服，“登堂入室”的子长煎饼都成了走亲访友的礼品了。父母刚开始还反对，现在他们全身心地给我帮忙，逢人就说那煎饼店是他儿子开的。

想让子长煎饼走得更远

经过十几年时间的经营，赵延东的煎饼店以食品的质量和门店的信誉获得了人们的好评。2014年，央视财经频道《消费主张》栏目的“延安圣地行”节目组专门到子长对赵延东的煎饼店进行了报道。如今他的门店在“大众点评”App子长美食榜单上一直稳居前列，无论是外地游客还是当地食客，都赞不绝口。

2014年以来，赵延东先后又开办了西安永兴坊店、山西临汾店、西安回民街店等多家分店。而在西安永兴坊子长煎饼馆里，店内员工全都穿着老式的绿军装，戴着红五星的绿军帽，一派陕北革命老区人的风范，颇有怀旧感。赵延东的店带动就业100余人次。

食客在永兴坊店体验子长煎饼的制作

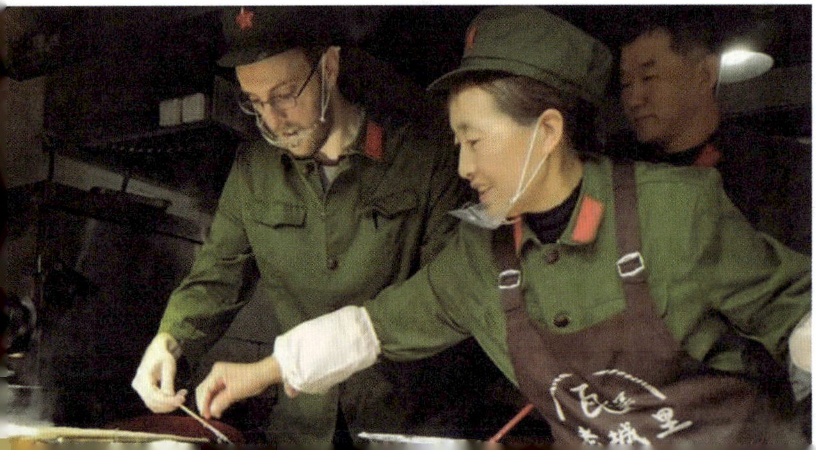

2019年，子长县政府还把他的门店设立为“子长非物质文化遗产煎饼培训基地”。到2021年，赵延东已培训学员300多名，受到了市委、市政府的高度赞扬。

赵延东：传统说法是“教会徒弟，饿死师傅”，可现在我的理解应该是徒弟学会了，师傅应该想办法继续提高自己的技艺，更上一层楼。我认为全国各地的人都可以来学，让更多的人都能品尝到子长煎饼这种美味。我希望一提到子长，人们不但能知道人民英雄谢子长，还能知道英雄的故乡有美味的煎饼可以享用。

已过不惑之年的赵延东并没有停下他创业的步伐，他逐步建立严格的食品安全防控体系，并且大胆创新服务模式，建立科学规范的原料采购、运输、检验、菜品加工、销售渠道全程跟踪监督机制。并且按照“互联网+”的概念，加强与新媒体的合作，开展线上预订、团购、外卖等服务，实现经营网络化，扩大本地美食影响力、美誉度和辐射面，使子长地方美食走出陕西、走向全国。

在时代的变迁中，赵延东用一片赤诚之心与实际行动执着地续写着传承的故事，使这种独特的技艺不在历史的长河中迷失方向。

技艺展示

子长人到现在依然保持着逢年过节吃煎饼的习惯，当地人认为吃煎饼就是“剥穷皮”，寓意着光景一年更比一年好。

卷煎饼也是个细致活儿

技艺教学

制糁子

1. 制糁子

将上乘荞麦去皮后，经过数次筛选而得，糁子必须在低温干燥的地方储存，储存过程中注意不能落地。

制浆过滤

2. 制浆过滤

把荞麦仁倒入和面机，启动机器加水搅拌至拉丝状态，拧成面团状后加水再搅拌，反复搅拌至手捻面团感觉无面心存在，逐渐加水稀释成糊状。将荞面糊倒入过滤机过滤，用稠度仪测量，稠度在18~20度最为合适。

摊饼

3. 摊饼

摊制一张煎饼的时间在1分10秒为最佳，每张饼薄厚均匀，无毛边。

制作辣酱

4. 制作辣酱及配菜

采摘子长当地当季辣椒，用石碾碾压，并加盐腌制储存在瓷缸中，再加入18味调料，经煎、炸、熬、焖、炒后辣酱方可食用。再分别制作凉拌菜、豆腐干、土豆丝等配菜。

卷饼食用

5. 卷饼食用

子长煎饼有两种吃法，一是干蘸，即把辣椒酱、香油、干辣片、芝麻搅拌均匀，将煎饼折三折后蘸着吃；二是配合肉汤或其他凉汤泡着吃。

拾贰

丹凤柿子醋酿造技艺·靳家厚

咬定青山几十载，酿就果醋泽万家

我制柿子醋就是为了把商洛漫山遍野的柿子都变成金蛋蛋。商洛的柿子都是长在山野上的，没有空气污染、水污染，更不喷农药，用这样的柿子做成醋就是造福千家。

——靳家厚

扫描二维码
欣赏传承人微纪录片

优质的社里黄柿子

项目背景

丹凤柿子醋酿造技艺

丹凤柿子醋源于山西。千年前，晋氏因战乱逃难到丹凤龙驹古寨，为了生计，晋氏利用龙驹古寨山川柿子资源，建起了柿子醋作坊，后来其柿子醋酿造技艺传至龙驹古寨民间。龙驹古寨不但有马帮，而且有船帮。船帮会馆用船装载柿子醋，经龙驹古寨丹江水路将其运向丹江口、武汉等地。

丹凤柿子醋以优质社里黄柿子原汁大曲为原料，经泥巴窖三年、五年、八年、十几年、数十年的周期眠酵陈酿而成，果香浓郁，醋酸柔和醇厚，具有柿子醋特有的滋味和功能，是原生态、无公害的调味、饮用佳品，在我国各类食醋中具有独特风格。

2012年，经商洛市人民政府批准，丹凤柿子醋酿造技艺被列入商洛市第二批非物质文化遗产名录。

2012年，靳家厚入选商洛市非物质文化遗产项目丹凤柿子醋酿造技艺代表性传承人。

匠人故事

父辈留给他的是坚毅和自立

靳家厚的父亲是怀着一腔的热血参加抗美援朝战争的。父亲说自己很庆幸能从残酷的战场上活着回来，和父亲一起跨过鸭绿江的许许多多的战友都永远地留在那块土地上了，许多人甚至连姓名都没有留下来。父亲从朝鲜战场回来后的1955年，靳家厚出生了。靳家厚的出生让家里原本就艰难的生活变得更困难了。可即使有再多的困难，父亲都没有向政府张过口。靳家厚很小的时候父亲就对他说：“有什么困难的？再困难还有我们在朝鲜战场上没东西吃，只能吞雪那么难吗？”靳家厚直到当兵以后才真正理解了父亲在困难面前那种坚韧的态度。

受父亲的影响，靳家厚17岁的时候就应征入伍了，他决心要像父亲那样做一个好兵。他和许多新兵在西安坐上了闷罐子车，兴高采烈地一路向北进发，他们都不清楚火车会开多久，他们更不知道目的地在哪里。两天三夜后火车停了下来，接兵干部大喊着全体下车推火车，原来火车过了山海关遇上了大雪，火车打滑得靠人推才能启动。这个时候靳家厚才知道他们的部队在东北，那里离当年父亲爬冰卧雪的地方不远。

因为从小有父亲的严格教导，靳家厚在部队表现得很出色，他被评为学雷锋标兵，很快入了党，还担任了代理副排长的职务。连长、指导员都鼓励他好好干，说他是个提干的好苗子，但是在一次军事演习中，靳家厚的腿部受了伤，不能在部队摸爬滚打继续进行训练的他只能复员回家。

因为靳家厚腿部受伤，部队的团政委把他送回老家，并联系地方民政局给他安排工作。靳家厚谢绝了部队的好意，他说父亲当年抗美援朝九死一生回来都不给政府添麻烦，自己更没有理由这样做，他得自食其力，得有个当过兵的人的样子。

白手起家，香醋终成

靳家厚谢绝安排工作时，心里就已经有了制作柿子醋的念头。这个念头源于儿时的一幕：一天放学时，靳家厚路过一个醋坊，醋坊的门口有几棵大大的柿子树，饥饿难忍的靳家厚就在低枝的树梢上打了几个柿子，柿子没吃到嘴里就被醋坊的主人喊住了，好心的主人说："孩子，你不要在树上打，我家缸里面的柿子多着呢，随便你吃！"主人的大方倒让靳家厚不好意思吃了，可醋坊主人后来的一句话却让靳家厚记了几十年，他说："我这一个柿子能做半瓢醋，你吃一个柿子就等于喝了半斤或一斤醋呢！"靳家厚那时才知道柿子能做醋，当时一斤醋能卖到七八分钱，这个数目在靳家厚眼里无异于天文数字。

这一幕回忆是那么深刻，他一回村，脑海里就已经开始构想建造醋坊的计划了。

靳家厚小时候吃柿子的那家醋坊主人姓李，属于镇上做醋的王、李、史三大家族之一。这三家都是几代人一直在酿醋，有一百多年历史。想开醋坊的靳家厚第一件要做的事情就是上门请教做醋的方法。

靳家厚：那时我没有师傅，只得去求其中的一家。我对人家说，你看我从部队回来，日子过得也不行，你会做醋，能不能给我点拨一下。人家说那不行，他们做醋的几家都是发了誓的，不能给别人说方子的。我被拒绝了。

被拒绝的靳家厚并没有放弃做柿子醋的想法，仍然进行着自己的准备工作。他买不起做醋需要的大缸，于是便托在医院工作的表姐给卖缸的人说情，让他先把大缸拉回家，等做成醋卖了钱再给卖缸的人付款。

醋缸

酿醋的关键是要有醋曲，就如同酿酒需要酒曲一样。靳家厚没有醋曲，也不懂得制曲的方法，但他懂得学习、懂得查阅有关资料，并不辞辛苦地去更远的地方向那里的师傅求教。经过艰难的摸索，他竟然成功地制成了醋曲！当靳家厚家院坪晾晒的醋曲散发出香味时，人们开始议论纷纷，王、李、史三家也惊讶于靳家厚能制成醋曲，他们知道做成醋曲就离做成醋不远了。

在酿醋过程中可能会产生一种白色沉淀物，靳家厚叫它“醋魂”

能产生“醋魂”证明这缸醋品质绝对错不了。在懂行的人的眼里，这是一种很珍贵的食材

靳家厚的醋做成功了。当村里的人还在熟睡时，靳家厚已经穿着洗得发白的旧军装，挑着担去县城里给各个门市部送醋。当他拿到卖醋得来的钱时，心中满是欢乐。

靳家厚：我的醋批发价是8分钱一斤，木桶一担子就有六七十斤，因为是纯正的柿子醋，所以很受欢迎。十几缸柿子变成醋，让我不但还了买缸的钱，还让我有了继续做下去的本钱。

希望漫山的柿子红

靳家厚在部队受过伤，他是揣着残疾证回到农村的，在创业的艰苦日子里，他的腿疾和当年爬冰卧雪时得的支气管扩张症会经常发作，但是伤病从未让他停下做柿子醋的脚步。他的产业做大了，名声远扬了，当时任商洛市地委书记的陈再生把粮食深加工的优秀证书发给他时，对他说："咱们商洛的醋有希望。"靳家厚牢牢记住了这句话，他决心要把商洛的醋业做大、做强。

漫山遍野的柿子

随着靳家厚酿造柿子醋的名气越来越大，外地来考察学习酿造技艺的人络绎不绝。之后，他又相继开发出了山楂醋、猕猴桃醋、玉米醋、麦芽糖醋等系列产品。2006年，靳家厚牌柿子醋荣获第十三届中国杨凌农业高新科技成果博览会"后稷奖"。2016年，靳家厚获得了商洛市"农村致富带头人"称号。

靳家厚：我决不用工业冰醋酸添加剂、防腐剂，我不能昧着良心做赚钱害人的事。

在丹凤县委、县政府的支持下，靳家厚在赵沟村、冠山村、下湾村、寨子沟村等发展柿子树扶贫产业，投资种植丹凤社里黄优良柿树苗，带动丹凤县发展柿子树产业2000余亩地，带领贫困户种植柿子树、摘柿子、收购柿子、运送柿子等，给更多的贫困户提供了就业机会，帮助贫困户增加了经济收入。

作为丹凤柿子醋酿造技艺的传承人，靳家厚每年都要开展丹凤柿子醋酿造技艺的保护与传承培训。

靳家厚：今年受疫情影响，外地想来学习酿造技艺的人没办法来丹凤，我就让女儿教我用网络进行视频培训，这个办法很有效果。

靳家厚感念政府对他的巨大帮助，接下来，他还要建立新的柿子醋厂，开发“柿子林”项目，提升丹凤柿子醋品牌知名度，做好技术传承指导，带动乡亲们一起致富，让更多的人享用到丹凤柿子醋，真正实现这项技艺的保护与传承，使丹凤柿子醋这一非物质文化遗产流传下去。

技艺展示

经液态或固态发酵而成的柿子醋，保持了传统柿子醋的老味道和特定的活性成分，果香浓郁、醋酸柔和醇厚，是原生态、无公害的调味、饮用佳品，在我国食醋中具有独特风格。

果香浓郁、味道醇厚的柿子醋

技艺教学

1. 液态发酵

以丹凤社里黄柿子原汁大曲为原料，经大曲酒精发酵、沉淀、固液分离原汁液后，再经三年、五年、八年、十几年、数十年的自然眠酵周期陈酿而成。

液态发酵

2. 固态发酵

以固液分离后的柿子肉渣为原料，以麸皮、稻壳、麦糠、柿叶、桑叶为辅料，经拌匀制醅发酵，淋陈酿而酿制。

固态发酵

拾叁

宁肯居陋室，也酿彩蛋香

窦斌记松花蛋制作技艺·窦山林

同学劝我有点钱的时候买个房子，自己不用干活等房子涨价就行了，把钱都投到做松花蛋上划不来。可我就是要做松花蛋，我不只是为了发家致富，更是为了把传统的东西传承下去。

——窦山林

扫描二维码
欣赏传承人微纪录片

原料传统、健康、绿色的窦斌记松花蛋

项目背景

窦斌记松花蛋制作技艺

相传明朝泰昌年间，江苏吴江县一家小茶馆的店主将泡过的茶叶倒在炉灰中。说来也巧，店主还养了几只鸭子，爱在炉灰堆中下蛋，主人拾蛋时难免有遗漏。一次，店主在清扫炉灰与茶叶渣时发现了几枚鸭蛋，他以为不能吃了，谁知剥开一看，里面黝黑光亮，上面还有白色的花纹。闻一闻，一种特殊香味扑鼻而来；尝一尝，鲜滑爽口，这就是最初的松花蛋。

松花蛋又称变蛋、皮蛋、彩蛋等，是中国特有的一种食品，有“川彩”“湖彩”“京彩”三大流派。窦斌记松花蛋属“京彩”，其制作技艺采用具有京彩特色的辅料汤灌法，经十多道工序，整个工艺体现了古人在饮食文化上的经验与智慧。

20世纪初，窦景斌传承明清两朝的宫廷松花蛋制作技艺，用古方老料精心制作，经多年实践自成一套松花蛋制作工艺体系。1937年，窦景斌举家迁至西安市中涝巷25号（现为钟楼小区），自筹资金建松花蛋作坊，起名“窦斌记松花蛋”，传承至今。

2018年，经西安市人民政府批准，窦斌记松花蛋制作技艺被列入西安市非物质文化遗产名录。

2018年，窦山林入选为西安市非物质文化遗产项目窦斌记松花蛋制作技艺代表性传承人。

匠人故事

如果有人稍稍松手，传统的宝贝就没了

窦山林的祖籍是河北通县（今北京市通州区），他的父亲窦景斌出生于1901年，从小父母双亡，成了没人管的孤儿，流浪在北京街头，以讨饭为生。讨饭时，有位在北京蛋庄工作的师傅见窦景斌可怜，就把他收留在身边，负责端茶递水，干点小零活儿。这位师傅早先是在皇宫里负责做松花蛋的，出宫后就在蛋庄当师傅。因为年纪大了干不动活儿，他后来被蛋庄的老板扫地出门。窦景斌跟着师傅十几年，情同父子，他就在街边搭个窝棚，在窝棚里伺候师傅。在这期间，师傅把制作京彩松花蛋的配方交给了窦景斌。制作松花蛋所需的材料并不神秘，但其中起决定性的配料以及下料多少，何时下料，配料如何炮制则是诀窍。

师傅去世后，窦景斌便一直以做松花蛋为生，直到1956年，窦景斌到西安食品厂上了班，才算离开了做松花蛋的行当。

窦山林：1967年，我父亲觉得自己身体不行了，就让我每天骑三轮车带着他到北广济街的“同盛祥”肉食加工厂去加工松花蛋，手把手给我教，我整整学了4个月。做松花蛋的第一步是挑蛋：散黄的不要，靠黄的不要，裂纹的也不要。我父亲一只手能握4个蛋同时挑，我现在都不会。

1978年，窦山林在户县开始独立做松花蛋，这距离父亲教他已经过去了十多年时间。如果不是心中对父辈珍贵技艺的那份坚守，十多年时间一切都会被淡忘的。

重拾技艺，白手起家

父亲去世后，一直在宝鸡上班的窦山林并没有机会实践父亲教给他的技艺。1978年的一天，他在户县的大梁村收了一些鸭蛋，回忆着当年父亲教给他的技艺，严格地按照程序精心制作松花蛋，没想到一次就成功了。先人传给自己的宝贝方子没有被忘掉，窦山林的内心无比激动，他决心要做出更多的松花蛋，让更多的人品尝到这不同凡响的美味。

2008年，窦山林为做松花蛋去长安区找场地时，在一个村子遇见了一位老人，老人问他找场地是要做什么事情，窦山林说做松花蛋。老人很坚决地劝他不要做了，窦山林纳闷地问他缘由，老人说自己年轻时就给西安的窦家长年送鸭蛋，窦家的松花蛋十分美味，吃了他家的松花蛋，别家的松

慢发酵、手工制作的松花蛋是低嘌呤、高蛋白、低饱和脂肪酸的健康食品

花蛋就没法吃了，所以让他不要做了。窦山林激动地抓住老人的手，说：“我姓窦，我是窦家的老三！”老人一听是窦家后人，主动领着窦山林找到了做松花蛋的大院子。

杨永安（窦山林的同学）：我们是同学，是一块儿下乡的知青。一次聚会时，他说在长安区有个做松花蛋的作坊，邀请我们去。到了那儿，窦山林让我们品尝他做的松花蛋，大家一尝都觉得简直好得不得了。同时也很佩服他，人家都花钱在市里买房子等增值，他却骑着摩托车，自己买原料，自己搞推销。我很欣赏他，为了传承非遗文化，为了制作传统美食，一直坚守着。

窦山林当初也凭自己的技艺和别人合作过，但最终都是无功而返、不欢而散。最后他下决心在父亲当年留在家里的几口大缸里腌制松花蛋。窦山林骑着摩托车风雨无阻地去买石灰，骑着摩托车挨家挨户销售自己的松花蛋，哪怕妻子得了癌症，他在辛苦照顾妻子之余，仍然没有放弃这份事业。他的信念感染了妻子和儿子，也感染了众多的朋友。

用微弱的力量去对抗强大的市场

市场上各种各样的松花蛋让人们眼花缭乱，良莠不齐的产品同样也让消费者真假难辨。普通的消费者很难明白一枚普普通通的松花蛋中究竟有多少奥妙。

窦山林认为自家的窦斌记松花蛋制作技艺是绿色环保的——除了盐以外，它没有使用任何化学添加剂。窦山林用料的考究、精细，再加上时间的酝酿保证了松花蛋的安全性和纯正口味。

窦志杰（窦山林儿子）：有些厂家做松花蛋时用一个很大的铁桶，一桶能装大约一万个蛋。特殊的液体配好后，他们把蛋直接扔进去，等蛋沾上了液体后，用吸蛋器把它们吸出来再腌一二十天。而我们家做松花蛋前后要一百多天，在缸里先腌一个月，出缸后再用料泥包上放置两个半月。裹泥料必须依靠人工，机器代替不了，于是不可能大量生产。但要保证质量就必须得严格遵守传统的工艺，水质有变化口味都不行。

做松花蛋的泥料要用黄土，窦斌记的松花蛋对黄土也有严格的要求：只能取长安区航天城往东一带的土，且不能用地表的熟土，只能用表土三米以下的生土；将生土拉回来后在高温的水泥板上暴晒两天，起杀菌作用；晒完后再用粉碎机把土碎成粉末。

窦斌记松花蛋制作时还需要用柏树叶子。从柏树上剪下枝叶，将其放在不见阳光的房间里阴干，需要几个月的时间才能干透。阴干后，戴上帆布手套把柏树叶子揉碎，拣出硬枝，用铁筛筛后备用。

詹玉梅（窦山林爱人）：跟着老窦就是找黄土、挖黄土。不放心别人去挖土，怕他们挖的土质不行，会生虫子。采柏树叶子更困难，没有哪位柏树的主人会让你去随意剪叶子，只能求人想办法。把柏树叶子晾干搓碎过筛，过完后就成为米粒大小的颗粒。这些年最费劲的事就是找黄土和柏树叶子，做十几万个松花蛋，光柏树叶子就得两三千斤。

窦山林和妻子的坚守也感动了儿子窦志杰。2014年，原本在北京发展的他回到了西安，并认真地向窦山林学习窦家制作松花蛋的传统技艺，和窦山林一起在渭南市蒲城县筹建松花蛋制作工厂。

五年的“北漂”经历让窦志杰打开了眼界、活跃了思维，他看到了窦斌记松花蛋绿色无污染的优势，他坚信自己的选择是正确的，他更坚信祖上传下来的宝贝是会重新焕发光芒的。

技艺展示

窦斌记松花蛋始终采用传统技艺，坚持使用无污染、无毒害的原辅料，坚持长周期、慢发酵的制作流程，秉承“天然发酵、自然成型”的理念，在近十年的发展过程中俘获大批忠实“粉丝”。

天然发酵、自然成型的窦斌记松花蛋

技艺教学

1. 选蛋

加工松花蛋必须采用质量优良的鲜鸭蛋，新鲜度是决定松花蛋质量的一个重要因素。

选蛋

2. 分拣

通过分拣机器对鲜蛋进行光检、裂痕检测、重量分级，筛选出优质合格的鲜蛋。

3. 下缸

将筛选出的优质合格鲜蛋放入清洁的缸内，放蛋入缸时，要一层一层地轻轻平放，切忌直立，鲜蛋入缸数量约1200枚。

4. 压缸

用花眼缸盖压住鲜蛋，再用木棍压住并支撑，以免灌缸后鸭蛋漂浮起来。

压缸

5. 制料

首先将锅洗刷干净，然后按配料标准，把称量准确的茶叶、柏树叶、食盐、纯碱、清水等倒入锅中煮沸，然后静置24小时备用。

制料

另准备一个空锅，先将生石灰称好后放入锅中，再将草木灰和秘料放在生石灰上，将已静置好的料液再次煮沸并倒入锅中。生石灰遇到料液即刻自行反应并释放出热量，待锅中反应减弱后，用铁铲不断翻动搅拌均匀，待各种材料充分溶解后，冷却静置，以备灌缸用。

6. 灌缸

将经过冷却的料液加以搅拌，使其浓度均匀后，缓慢灌入缸内，直至鸭蛋全部被料汤淹没，汤料温度应控制在25℃以下。

7. 腌制

灌缸后即进入腌制过程。在此过程中，要严格控制缸房温度，必须抽检观察蛋的变化情况并记录各项数据。

8. 出缸

腌制40~60天后，鸭蛋可成熟变成松花蛋。出缸时，先取出压在上面的缸盖，再将腌制好的蛋品捞出。

9. 洗蛋

在干净的缸内放入冷开水，洗去附在松花蛋外面的碱液和其他附着物，装入筐内晾干。

10. 验质

出缸后，由人工对每一枚蛋采取“一观、二掂、三摇、四照”的方法进行验质。

一观。观察蛋壳是否完整，将破损蛋、裂纹蛋、黑壳蛋剔出。

验质

二掂。拿一枚松花蛋放在手上，轻轻向上抛起数次，感受其有无震颤感，震颤感明显且有沉甸甸的感觉者为优质蛋。

三摇。用手捏住松花蛋两端，在耳边上下左右摇动数次，听其有无撞击声或水响声，有撞击声为缩水蛋，有水响声为不合格蛋。

四照。用灯光透视，若蛋内大部分呈黑色或深褐色，小部分呈黄色或浅红色为优质蛋。

11. 包泥

采用腌制过松花蛋的料汤、加工后的黄土、干燥且洁净的稻壳混合制成泥料，对验质后的合格蛋进行包泥。

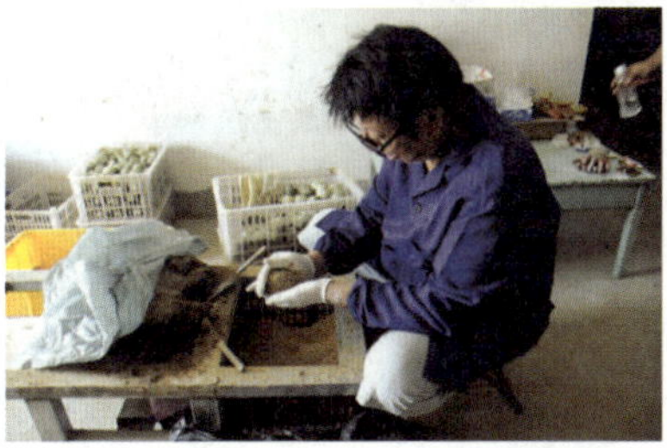

包泥

12. 二次发酵

把包好的蛋按照一定的数量整齐地放入筐内，然后封口、入库贮存，进行二次发酵。此过程需要70~100天的时间，期间需抽检。

13. 包装

对成品松花蛋进行复检，对质量合格的蛋品进行外包装，准备出厂销售。

拾肆

中华老字号贾永信腊牛羊肉制作技艺·贾群

永信，永信，永远诚信

质量是我们中华老字号贾永信的生命，产品质量要用信仰和良知去保证，并要做到尽善尽美。

——贾群

扫描二维码
欣赏传承人微纪录片

贾永信腊牛肉

项目背景

中华老字号贾永信腊牛羊肉制作技艺

腊牛羊肉是西安特产，是西安数以百计清真食品的杰出代表，它在陕西家喻户晓。清末，由于慈禧太后落难西安“闻香止辇”的典故而蜚声中华。

腊牛羊肉的生产工艺距今已有1200多年的历史。据《资治通鉴》记载，唐玄宗天宝年间（742年—756年），阿拉伯人、波斯人在长安城经商定居，形成了独特的饮食习惯。后来，他们的饮食文化与汉族饮食文化互相融合就有了风味独特的腊牛羊肉。

2013年，经陕西省人民政府批准，中华老字号贾永信腊牛羊肉制作技艺被列入陕西省第四批非物质文化遗产名录。

2014年，贾群入选为陕西省第四批非物质文化遗产项目中华老字号贾永信腊牛羊肉制作技艺代表性传承人。

匠人故事

走进古城西安，闻到了飘荡着的腊牛羊肉的香味，你就触摸到西安人饮食文化的气息。一大早，你会看到大街小巷许多门店前人们排队购买腊牛羊肉的热闹景象，你会碰到一些边吃腊牛（羊）肉夹馍，一边急急匆匆赶路上班的人；若你节假日去西安朋友家赴宴，首先映入你眼帘的一定是一盘殷红夺目、肉质鲜嫩、香气四溢的腊牛（羊）肉凉盘。没错，这就是西安人的日常生活，日复一日地在古城西安上演。

贾氏家族是西安回坊的旺门老户，据籍可考的历史已达三百余年。明朝天启五年（1625年），贾家先人从南京水西门迁居西安开始经商；清光绪十年，经过七代人的努力，家族生意传至贾玉麟；清朝末年贾氏家族步入盛期，在西安回坊旺市麻家什字“把守”了四角，形成“四红”的商业格局。

1928年，贾承元、贾永信父子俩在西安市桥梓口创办了一家腊牛羊肉铺以维持生计，这就是桥梓口贾永信腊牛羊肉字号创立的开始。字号创立之前发生了这么一个故事。1926年，军阀刘镇华围攻西安。在围城期间，城内外生意中断，后面会发生什么情况无法预知。贾永信对父亲贾承元说：“咱们记录两份账本，你我各带一份，万一一方发生不测，另一方可继续给生意伙伴结账，这样做既不失信于人，又能让人更加相信我们的诚信经营。”长达八个月的围城结束，有些生意伙伴在战乱期间账单丢失或损毁，只能抱着试试的想法来找贾承元父子结账。当他们看到两份账本，问清了原委并顺利拿到货款后，都为父子俩的诚信而感动。贾永信说：“再困难我们也不能欠生意伙伴的货款，做生意只有童叟无欺、诚信为本，才能长远。”就这样，字号得名“贾永信”取意永信，永信，永远诚信。

20世纪80年代桥梓口贾永信老店

永远诚信是贾永信对顾客、对生意伙伴的郑重承诺。创立至今，它仍然是贾永信这个老字号的根基。

我们会继续传承这份不变的承诺

贾群是贾家南京水西门这一支迁居西安的族人的第十代传人，同时也是中华老字号贾永信腊牛羊肉制作技艺的第四代传承人。贾永信认为餐饮业是正经行业，腊牛羊肉更是生活必需品，做好了大有前途。贾群少年起就半工半读，跟着父亲学做人、做事，练手艺。

有一次学着煮腊牛羊肉时，贾群把腌制好的肉和没腌制好的肉搞错了，结果煮出来的肉没达到色香味形俱全的要求。父亲发现质量不好，不让售卖，并说："做生意就要讲诚信，质量不达标，哪怕送人、倒掉也坚决不能卖。如果顾客吃到质量不好的肉，就不会回头来买，生意就不能长久做。"通过这一次的失误，贾群受到了很大的启发，从此以后更加注重产品质量和生产工艺。

一年寒冬，因为天气太冷，贾群没有亲自去屠宰场挑选牛屠宰，造成送来的牛肉不达标。父亲看到后说："牛肉不达标，腌制、煮制出来的肉质量不会好，你要学会看牛成色、估牛重量、看牛牙口，必须亲力亲为，才能掌握选牛的诀窍。"此后贾群无论大小事始终都坚守岗位、亲力亲为。

1982年，贾永信把生产经营的担子压在了贾群身上。他让贾群学打点、记账、理事、待客，代表他主持桥梓口贾永信腊牛羊肉店。贾群继承父亲的优良传统，接手后开始梳理、归类、总结父亲教给他的东西。

改革开放后，人们生活水平迅速提高，也给腊牛羊肉的销售市场带来无限生机。20世纪90年代初，"贾永信"就迎来了这样的生机。桥梓口贾永信腊牛羊肉门店先是逢年过节购买者如潮，后来发展到每逢星期六、星期日，天不亮门前就排起了长龙。看在眼里，记在心里，贾群这个小当家坐不住了。他意识到父亲创办的前店后场的小作坊生产方式已完全无法满足人们日益增长的需求了。为与时俱进，改变生产与销售方式刻不容缓，于是他遍访经济发达省市，到处参观学习、收集专业技术资料，潜心研制。功夫不负有心人，贾群终于生产出了真空保鲜软包装，高温杀菌的清真腊牛羊肉、酱牛肉食品。产品保持了原有的风味、品质，但保质期却从冷鲜保存数天，一下子变为常温下保存一年，这一变化使产品性能产生了质的飞跃。贾永信腊牛羊肉由热蒸现卖、门店零售式生产，变成了定型、定量式生产，可进入商场货架、电子商务渠道，通过物流走出西安，面向全国。

贾群：腊牛羊肉历经千年，不是哪一家的，而是回坊人智慧的结晶。腊牛羊肉是坊上人的，是西安人的，也是中国人的。“贾永信”要通过自己的努力，把腊牛羊肉展示到更广阔的领域。我希望随着商品市场规模的扩大，销售量的增加，还能带动坊上其他品牌走向市场化，这就是我的抱负。

一个人三十余年锲而不舍地做着一件事，可见他的专一和坚韧。贾群13岁入行，生在坊上、学在坊上，他跟着父亲到集市上挑牛羊、估重量；他操刀剥皮、剔骨、除杂、分割、腌制、配料、熟化、出锅、上盘、叫卖、盘点、记账，练就了腊牛羊肉生产经营的“十八般武艺”。

西安桥梓口贾永信门店

时至今日，“贾永信”这块招牌已在西安生存近百年，贾群接手也已40个年头。在不断发展的过程中，贾永信腊牛羊肉品牌得到了各方认可，获得了中华人民共和国商务部颁发的“中华老字号”、陕西省老字号、西安市老字号、“ISO9001”认证等殊荣。著名作家贾平凹为其题联“唐长安今西安声名远播，腊牛肉腊羊肉味道独佳”；原中国伊斯兰教协会会长马贤题“清真美食西安礼”……在西安，你问“贾永信”，答者会说腊牛羊肉；你问腊牛羊肉，他们会说“贾永信”好。

贾群扛着父亲给的牌子，为了老字号的传承负重前行，最终获得成功。他用成绩告慰先父，实现了父亲对他的期望。对此，贾群说：“万里长征我才拉开了序幕，今后的路更长、更艰苦。”

贾永信腊牛羊肉品牌获得了中华人民共和国商务部颁发的“中华老字号”

作家贾平凹为贾永信腊牛羊肉题写对联

技艺展示

腊牛羊肉由于选料严格，工艺独特，工序完整，制法细腻考究，因而色、香、味、形俱佳。

色：肉质殷红，表里如一；香：五香味，小香出头；味：咸香可口，头香突出，后香醇厚，留香弥长。肉质肥瘦相兼，口感瘦而不柴，肥而不腻；形：成品为大块牛羊肉（1.5～2.5千克），最大限度地保持了牛羊肉的自然状态。用餐时，形又分为两种：一是宴席凉盘，要求肉质挺坚，切片成形，反复咀嚼，回味无穷；二是夹于馍中，要求肉质松软、肥瘦相兼，剁碎后夹在热饦饦馍里，油润肉烂，口感好。

色、香、味、形俱佳的腊牛肉

技艺教学

1. 进料

精选秦川黄牛（2~4对牙的犍牛）、秦陇大尾绵羊（1~2年的羯子羊），索取检疫证。请阿訇跟刀屠宰，剥皮剔骨，冷却排酸。牛肉分割除杂，腌制时要切成1.5千克左右的块状，肉块厚薄、大小要尽量匀称。羊肉去淋巴，除杂，划骨离肉，熟化后去骨。腌制盐液最好以西安钟楼以北、渭河以南的水配制（现多用西安黑河自来水）。腌液按节令、气温掌握调整，简称“加减盐法”。调料选用讲究，如花椒只用陕西韩城“大红袍”，大香、桂皮只用广西的，小香只用甘肃武威的，从而保证各种料香充分融合，“咬”得恰到好处。

2. 验肉

贾群在实践中形成了自己独到的“三熟”观测法。一是宰倒“后熟”。动物宰倒后细胞要重组，需要一定的时间与温度排血、排酸，组成新的活性细胞，因此无论是否“后熟”，都要将肉挂在粗加工间里静置。闻无异味，手拍不粘手，有弹性，无血水下滴，体无异物、异色，用试纸看pH值，决定其是否合格。二是“腌熟”。腌熟的肉无异味，尖刀划开，肉心与外表均为殷红色，无黑黄心，即可煮制。腌实质上是对原料肉的进一步观察，如果腌液比例不对或操作不当，无论怎么调整，肉体大色都不会一致，说明此肉不合格，正向腐败发展，必须拣出废弃。三是“煮熟”。大火煮骨，中火炖料，文火入味，去火焖透，肉在这一过程中进行着美拉德反应，因此产生了腊牛羊肉特有的气味。

3. 适当用盐和调料

中餐讲究盐为百味之首，盐对于制作腊牛羊肉来说十分重要。盐能杀菌、发色、上劲、提味。调料则是各种中药材的组合，各家均视为秘方。制作中，“贾永信”实行老汤、新老料袋同锅并用，下一锅退老续新。如此更替，称为“退老续新法”，保持传统风味。盐与调料适当、适时地配合，使肉增劲、定味、定色、保鲜。

4. 检验

腊牛羊肉传统的检验标准为一看，二闻，三品尝，四化验。

拾伍

白火石汆汤制作技艺·沈兰品

顽石汆汤谱佳话，石烹奥妙匠心书

汆汤用的石头很重要，一定要选好。选好别的食材也很重要，不能粗心大意、偷工减料，比如做肉馅的肉，一定要买新鲜的猪里脊肉，如果肉是新鲜的，做成的馅吃起来就是酥的。葱要选好葱，姜要选好姜，所有的食材都要选好的，每一个细节都不能偷懒。

——沈兰品

扫描二维码
欣赏传承人微纪录片

白火石氽汤

项目背景

白火石氽汤制作技艺

白火石氽汤制作技艺，是中国菜肴中的活化石，也是安康市汉阴县传承时间最长的一道菜。清乾隆七年（1742年），从湖南长沙移居到陕西安康的李氏第四代李训发，在月河中拾到色白如玉、晶莹剔透的卵石，把玩之余突发奇想：漂亮的白色卵石常年躺在河水中，任凭流水冲刷、鱼虾抚摸、泥沙磨砺，又耐高温，不怕火烧，何不将烧红的卵石放入高汤中，使小肉丸氽熟，汤激沸？他经过试验，发现此法果然不错！不仅肉丸异样香酥，而且汤汁特别鲜美，比常规办法烧的肉丸汤美味许多。

2015年，经陕西省人民政府批准，白火石氽汤制作技艺被列入陕西省第五批非物质文化遗产名录。

匠人故事

小时候就觉得石头有灵气

地处秦岭和巴山之间的安康市河网交错，遍布城乡的小溪流则是人们每日取水、洗衣的必去之地。小时候的沈兰品最喜欢做的事情，就是跟随母亲去河边洗衣服。母亲洗衣服的时候，他就可以沿着河去寻找自己喜欢的鹅卵石。河川里大大小小的石头数不胜数，沈兰品喜欢的石头也很多，但他没法

寻找喜欢的鹅卵石现在依然是沈兰品的习惯

光滑、洁净的石头是制作白火石氽汤必不可少的材料

儿把自己喜欢的所有石头都搬回家去。于是他常常把挑来的石头堆在河岸，花费很多时间去纠结最后要带走哪几块。这些光滑的、洁净的、可爱的石头仿佛都有灵气，他时常不由自主地和石头们说着悄悄话。

沈兰品：妈妈洗衣服时就告诉我，你没事就去河里采石头去，选漂亮的、白一点儿的、光滑一点儿的石头。我知道妈妈说的好看的石头就是可以做白火石氽汤用的石头。这种石头爷爷用，妈妈也会经常用到。所以我从小就对这样的石头有特殊的感情，现在走在河边时也时常不由自主地向河里张望，看有没有自己喜欢的石头。

放学后，同学们都在操场上或街边玩，家住汉阴县城浦西街老街上的沈兰品却总是会匆匆地往家里赶，因为这是家里做饭的点。沈家是个大家族，沈兰品的父亲和三兄弟住在一起，共用一个大厨房，做饭的时间，妯娌四人都一起忙活，偌大的厨房里热火朝天。爆油的声音，铁铲敲击铁锅的声音和四个厨娘的笑声汇成了一首锅碗瓢盆交响曲。钻进厨房的沈兰品的“特权”，就是拿着筷子这个锅里夹夹，那个锅里尝尝。他最感兴趣的事，就是看母亲做白火石氽汤，他想要看着自己亲手从河里捡来的石头，怎样神奇地氽出美味的羹汤。当家里人都对汤的味道赞不绝口时，他总会自豪地讲是自己采的石头好。

把祖先留下的东西做得更好

沈兰品是跟着爷爷学做白火石汆汤的。在县城里开肉铺的爷爷做得一手好菜好汤。沈兰品的爷爷有4个儿子、10个孙子，但他独独喜爱沈兰品，走亲访友总会带着他，并细细地给他讲白火石汆汤的奥妙和细节。爷爷还会讲到白火石汆汤的食疗效果。

沈兰品：白火石汆汤能去火。上火时，人会生口疮、嘴唇干裂、脸上生痘痘、嗓子发炎、说话声音嘶哑，喝白火石汆汤就能以火攻火。这些功效都是爷爷反复给我讲的。

沈兰品17岁那一年，乡下邻居有个小妹因为喉咙肿痛，脸上也长了痘痘，病情严重到无法上学。沈兰品想到爷爷说的白火石汆汤的食疗效果，于是想给邻居小妹试试。做汆汤得有肉，那时的沈家连粮食都吃不饱，家里更不可能有肉。沈兰品就拿着砍刀上了山，在山上找到枯干的死树，砍了一大捆好柴背到集市上换了半斤猪肉。回到村子的沈兰品给邻居小妹做了白火石汆汤，小妹吃了以后，过了几天果然就痊愈了。

正在制作白火石汆汤的沈兰品

普通的食物也能治病，这引发了沈兰品的兴趣。当人们还没有食疗养生概念的时候，沈兰品就买了《本草纲目》进行学习研究。从书中他才知道做白火石氽汤的石头叫白石脂，这类石头有多种颜色，不同的颜色会有不同的味道和疗效。后来，沈兰品又读了《黄帝内经》，从书中他了解到食物颜色之间相互融合、相互克制的辩证关系，这为他在做白火石氽汤时的食材搭配提供了借鉴，促进了他的氽汤在味道和食补功效上的提升。

白火石氽汤的食材丰富、搭配讲究，具有食疗作用

沈兰品：食材之间运用好了是相融，运用不好就是相克。经过我长时间的尝试和比对，最后定下氽汤的食材——绿颜色的是小青菜，白颜色的是豆腐，黄颜色的是黄花菜或粉条，黑颜色的是木耳，红颜色的是枸杞，当然肉馅也是红颜色的。做白火石氽汤很重要的就是选好食材，好菜、好肉都不用说了，就说采石头，你必须走很远，到少有人去的地方才能找到好石头，近的、方便的地方，好石头基本上不可能存下来。祖上留下的配方，在做肉馅时都要用料酒，后来我尝试着不用料酒，改用醪糟汁，比料酒的效果要好得多。但你去买醪糟汁人家不会卖给你，你就得买了醪糟后把米滤掉，把汁子装在瓶子里备用。做菜必须精细，精细才有好味道。

中国的古人对食物早有“食不厌精，脍不厌细”的讲究，沈兰品在采买食材上颇费心思。在西安做白火石汆汤，他几乎跑遍了西安大的菜市场，谁家的豆腐好，谁家的青菜新鲜，甚至很多蔬菜的产地他都了解得很清楚。

让美食传得更远

白火石汆汤由于受到制作条件的限制，不可能做到大众化，但通过沈兰品十几年来的展示，这道美食已经走得很远了。

2011年，陕西省餐饮业商会到汉阴评审陕西名菜，最先上榜的就是白火石汆汤。2015年，白火石汆汤制作技艺被列入省级非物质文化遗产名录。同年，在西安曲江举办的中韩美食节上，安康代表团拿出了两道名菜，一道是瀛湖的鸭嘴鱼，另一道就是白火石汆汤。韩国客人品尝后直为白火石汆汤点赞。

沈兰品的白火石汆汤店已成为“网红打卡地”

2017年，在西安市首届“西安工匠（工匠之星）”评选活动中，厨艺界只有沈兰品一位上榜。2021年5月，在中央电视台《回家吃饭》栏目直播现场，沈兰品为全国的观众展示了白火石汆汤制作技艺。

沈兰品说自己已经70岁了，但他不愿丢下自己的厨艺，他最开心的事就是看到大家食用白火石汆汤时那种满意的表情。

技艺展示

鲜、嫩、爽、滑的诱人的白火石汆汤

利用烧红的石头瞬间释放的热量汆熟食材，可以最大限度地保留食材本身鲜、嫩、爽、滑的口感和营养成分。在烹制过程中，石头中所含的对人体有益的矿物质也随之进入食物，成为食物的一部分，使白火石汆汤具有食疗保健的作用，特别适合老年人、儿童以及体弱者食用。

技艺教学

将猪里脊肉制成肉泥，加葱花、姜末、花椒粉、淀粉、蛋清、精盐等调料制成厚0.5~1 cm的肉饼，将肉饼贴于土陶汤盆内壁；准备一块稍大于汤盆口径的纱布盖在盆上，轻贴于肉饼，将调制好的沸腾高汤倒入盆中汆制肉饼；用湿纱布包裹烧红的天然卵石，放入盆中，加盖，用石头释放的热量烹制食材；待石头热量释放完毕后，食材也就汆熟了，提起纱布取走石头即可食用。

拾陆

紫阳蒸盆子制作技艺·王小勇

撷得秦巴好食材，烹出紫阳一鼎香

我是秉承传统的理念去做事，一定要选用我们秦岭巴山间的优质食材，如果在食材供给方面出了问题，影响到紫阳蒸盆子的名声，我的生意宁肯不做。

——王小勇

扫描二维码
欣赏传承人微纪录片

紫阳蒸盆子

项目背景

紫阳蒸盆子制作技艺

陕西省安康市紫阳县的蒸盆子是一道特色美食。相传汉高祖刘邦曾屯兵紫阳境内，适逢春节，刘邦犒劳将士，大家大盆吃肉、大碗喝酒。这个“大盆”就逐渐演变为现在的蒸盆子。

紫阳蒸盆子的主要制作原料包括全鸡、猪肘、莲藕、萝卜、鱿鱼、海参、木耳、香菇、鸡蛋饺等。早期人们用一种三足陶盆制作蒸盆子，后来改为使用一般的陶盆。紫阳蒸盆子用料讲究，做工精细，口感鲜香，营养丰富，久吃不腻。

2009年，经陕西省人民政府批准，紫阳蒸盆子制作技艺被列入陕西省第二批非物质文化遗产名录。

2010年，王小勇入选为陕西省第二批非物质文化遗产项目紫阳蒸盆子制作技艺代表性传承人。

匠人故事

小时候，蒸盆子就意味着过年

生于1978年的王小勇到了懂事的年龄时，他的家乡向阳镇上各家各户的生活条件仍然没有太大的改善，人们考虑最多的还是吃饭的问题。王小勇印象最深刻的就是离过春节还有很长一段时间，他和弟弟妹妹们就开始惦记除夕晚上那一锅热气腾腾的紫阳蒸盆子了。

王小勇的母亲是一个很能干的家庭妇女，做得一手好饭菜。王小勇记得最清楚的就是每年进入腊月后，母亲就开始早早准备蒸盆子的食材了。过年所需要的别的食材也许可以稍稍马虎一些，但制作蒸盆子所需要的食材是绝对不可以随便应付的。在那个物质并不充裕的年代，拖到年跟前还没有准备好蒸盆子所需要的可心食材，过年的欢乐是会大打折扣的。

除夕这天一大早，王小勇就和弟弟妹妹们帮母亲干些杂活儿，虽然他们几个更多的是在添乱，但母亲并不会去呵斥他们，这一切的忙活也许就是节日氛围的一部分。大人们杀土鸡、洗猪蹄、刮莲藕、刨萝卜，小孩子们眼睛好，用镊子一根根地拔除猪脚上的毛就是他们的主要工作。掌灯时分，母亲把码得像花朵一样的蒸盆子放进了笼屉，柴火点燃了，火光映照在大人和孩子们的脸上，摇曳着喜悦的光辉。

王小勇：母亲在做蒸盆子的时候，我们就趴在锅台旁边盼着它能早一点出锅。但是蒸盆子上锅蒸的时间是很长的，要6个小时以上，所以往往蒸盆子还没有熟，我们都已经睡着了。除夕夜我们常常是吃不上的，只有在大年初一早上才能吃得到。

王小勇的父亲在镇政府上班，母亲又要做家务又要侍弄地里的庄稼，王小勇和弟妹们早早就学会了自己做饭。从王小勇小学三年级开始，放学后他们一个烧火，一个洗菜，一个做饭。王小勇常说，自己后来之所以能走上餐饮这个行当，更多的是因为他的童子功。

一个好的建议会改变人生

1993年，初中毕业的王小勇没有继续求学，而是选择了外出打工。几年的打工经历并没有让他感到外面的世界很精彩，而是让他更加留恋秦巴山水，于是他又回到了紫阳县。父亲告诫他说：“年轻人要想在社会上立足，就得有一技之长，没有两把刷子是没法干出名堂的。”在父亲的建议下，王小勇选择了去安康职业技术学院学习厨师专业。

王小勇：1999年年初我遇到了一位贵人。那年的腊月我们家正在杀年猪，县委徐书记从我们那里路过。徐书记就对我父亲说：“老王，我今天赶上了就吃你们家的蒸盆子。”母亲当即用现成的猪蹄、土鸡和其他食材做了一个蒸盆子。徐书记吃了后赞不绝口，他说现在政府准备扶持农民做农家乐产业，你们可以试一试。

那时的王小勇及其父母还不知道农家乐这个名词，县委徐书记给他们做了详细介绍，并推荐了其他地方的成功模式。王小勇一家用徐书记垫付的钱购置了厨具、餐具和冰箱等。徐书记让他们先试着办，成功了再给他还钱。在徐书记的帮扶下，王小勇家的农家乐很快开了起来。因为有母亲不错的厨艺，再加上王小勇在职业技术学院两年的技能培训，他们家的农家乐一开业就博得满堂彩。

王小勇家的农家乐一开始的主打菜就是紫阳蒸盆子。这道菜在紫阳县很普遍，为了提升自家蒸盆子的品质，王小勇还特意拜了紫阳蒸盆子制作技艺市级非遗传承人陈连弟为师，在打造紫阳蒸盆子这一传统美食上有了长足的进步。

王小勇：陈师傅教了我很多东西，他要求我在蒸盆子的食材选用方面要挑剔、要严格，食材不过关，蒸盆子肯定不好。他还教我在做蒸盆子时要明白各类食材的寓意，比如猪蹄意味着抓钱手，莲藕寓意着连心、和（荷）气，土鸡寓意着吉祥如意，蛋饺既像金元宝又像金鱼，都有很好的寓意。

为了保证蒸盆子的口感与质量，王小勇每次都亲自挑选食材

有母亲的传授，又得到名师的指导，王小勇的农家乐办得越来越红火，尤其是他做的紫阳蒸盆子更是被大家交口称赞，吸引了安康市甚至更远的食客纷纷驱车前往品尝。

重要的是珍惜紫阳蒸盆子的名声

王小勇的紫阳蒸盆子做得风生水起，这也引起了远方客商的关注。2015年，西安某餐饮公司看中了他的品牌，邀请他去西安的某大型餐饮集中点联合经营。没承想，紫阳蒸盆子在西安的生意也异常火爆，不到60平方米的店铺整天顾客盈门。

王小勇：每天从早上11点开门卖到下午3点，准备的食材就告罄了。没有卖不出去的东西，只有做不出来的单子，相当多的人拿着锅、盆把蒸盆子带回家去吃，因为店里坐不下了。

王小勇主理的“蒸爱陕南王家小厨”饭店

然而好景不长，问题很快就出现了。餐饮公司看到蒸盆子的生意不错，可觉得成本太高，利润点太低，就开始考虑降低成本，用普通鸡代替土鸡，别的食材也有图方便而选材打折扣的现象。王小勇牢记师傅的嘱托，觉得挣钱事小，蒸盆子的牌子事大，他积极找餐饮公司反映，在没有得到满意的回复后，王小勇立即撤了门面。

王小勇：我是秉承传统的理念去做事，一定要选用我们秦岭巴山间的优质食材，如果在食材供给方面出了问题，影响到紫阳蒸盆子的名声，我的生意宁肯不做。

王小勇的农家乐开了二十几年，他不求创新也不踅摸大的发展，总是按照传统的做法实实在在地做事。由于他不去迎合市场的变化，失去了部分顾客，但他仍坚守着紫阳蒸盆子的传统技艺。

王小勇忙着为第二天的食客们准备食材

紫阳蒸盆子是王小勇农家乐的主打菜，费时、费力且无法随时上桌供应。当天的蒸盆子必须是前一天晚上就准备好的。前一天把食材择洗、切好后摆入鼎盒中，待下午的客人走完后，把蒸盆子放入笼屉中先大火蒸一小时。一小时后，改小火再蒸六七个小时。蒸好后将蒸盆子端出来让其自然冷却，这一切工序都进行完经常已是深夜12点之后了。

王小勇：我们每天做多少蒸盆子不是看别人有没有预定，而是按计划的量做，卖完为止。第二天如果早早卖完了，哪怕顾客还需要，也是无法拼凑出来的。目前我们每天也就是做40份左右，再多也顾不过来。

2019年4月，王小勇被评为紫阳蒸盆子制作技艺省级传承人。他觉得没有被评为传承人时，自己只是一个普通的餐饮经营者，只需要对饭店负责、对顾客负责，成为传承人后更多的想着要对这个技艺、对这个事业负责。他想像师傅当年传承给自己技艺那样，把这门技艺原汁原味地传承给徒弟们，让紫阳蒸盆子不走形、不变味。

王小勇：不是所有的人我都带。那些只是想走捷径学这门手艺挣钱的人，我根本不带。只有那些真正爱紫阳蒸盆子、扎扎实实做事的人，我才带。你来跟我学，我做你看，还要给你付工资，学手艺是无偿的。

如今，如果有外地的人从紫阳县下高速公路在收费出口问："你们这里有啥好吃的?"收费员就会遥指向阳镇王家农家院说："那里的紫阳蒸盆子，好吃!"

技艺展示

紫阳蒸盆子作为安康地区饮食文化的重要代表，有着悠久的历史。传承至今，紫阳蒸盆子承载着紫阳人民对团圆、富裕、和谐等美好生活的向往，反映了劳动人民积极向上的乐观态度。

承载着团圆、富裕、和谐寓意的紫阳蒸盆子

技艺教学

紫阳蒸盆子的主要制作工序是先将用盐及料酒浸过的猪肘放在盆底，再将全鸡立于猪肘之上，然后放入莲藕、水萝卜、木耳、香菇、鱿鱼等，海参须泡发过后才可放入，即将起锅时再放入鸡蛋饺。蒸盆子所用的花椒、生姜、八角、桂皮等香料须用纱布包裹，然后放入盆中。紫阳蒸盆子的主要用料全部为当地土产，在蒸煮时必须用竹子作柴火，蒸煮时间须在8小时以上。

蒸盆子里的食材都是当地特产

拾柒

取得一壶嘉陵水，烹出罐罐茶味香

略阳罐罐茶传统手工技艺·张慧芳

罐罐茶主要卖的是早市。略阳地方小，来喝茶的人都是街坊邻居，时间长了都是熟人，所以不能欺客，要坚持诚实、诚恳、诚信经营。我坚持用心做，把最好的味道送给茶客，用羌英罐罐茶，诚待天下客。

——张慧芳

扫描二维码
欣赏传承人微纪录片

略阳罐罐茶

项目背景

略阳罐罐茶传统手工技艺

略阳罐罐茶是陕西省汉中市略阳县的传统风味小吃，以优质茶叶、茶梗煎熬，加茴香、藿香、生姜等佐料，以腊肉、核桃仁、炒鸡蛋等为料丁，就烤干馍佐食之。其制作讲究，风味独特，爽口提神。因藿香、生姜等有药用价值，食之能健脾益气、和中解暑、养胃除湿，若长期食用，有祛病健体、延年益寿之功效。因罐罐茶料丁种类多且比重不同，在茶中悬浮位置有差异，故喝罐罐茶有三层楼、五层楼、七层楼、九层楼之说。

略阳罐罐茶历史悠久。相传三国时期，诸葛亮为北定中原，在一山岭用罐罐茶款待少数民族首领，煎茶岭便由此得名。画圣吴道子的《嘉陵江三百里风光图》中有农家制作、饮用罐罐茶的场景。清咸丰年间，礼部尚书周光跃在横现河镇白崖砭为恩师立碑时，专以罐罐茶款待亲朋好友。

2014年，经陕西省人民政府批准，略阳罐罐茶传统手工技艺被列入陕西省第四批非物质文化遗产名录。

2018年，张慧芳入选为略阳县非物质文化遗产项目略阳罐罐茶传统手工技艺代表性传承人。

匠人故事

绕出生活那座山几乎用了30年

张慧芳是略阳县乐素河人，乐素河是嘉陵江的一条支流，张慧芳的老家小湾村距略阳县城约有40千米。这段路程放在高速公路上，也许就是一脚油门的事情，然而在秦岭深山蜿蜒盘旋的山道上，行车却不是一件轻松的事，更遑论在交通不发达的20世纪七八十年代。张慧芳小时候觉得略阳县城似乎远在天边，他们村子28户张姓人家的很多老人一辈子都没有到过县城。本家有个爷爷读过几天书，老了常坐在门口摆龙门阵，自豪地说："我穿过长衫，去过县城！"

张慧芳1979年出生时，她的前面已经有了四个哥哥、两个姐姐，她的出生并没有给家里带来几分欢乐，倒是让父母多了几声叹息。山村的土地都挂在山坡上，广种做不到，薄收是必然的。山里的孩子没几个人有上学的念头，让张慧芳印象最深的是她小小年纪便和哥哥姐姐们一起推石磨，沉重的石磨全凭人力一圈一圈地转动，推一天石磨所辗出的玉米、高粱或者小麦也吃不了几顿。

略阳县

那个时候，张慧芳常常望着高耸入云的大山幻想外面的世界，想着什么时候能够走出这一层一层的大山。1991年，张慧芳放弃了学业，跟着熟人跑到略阳县城打工。

张慧芳：我一开始在略阳县电影院旁边的砂锅店给人家洗菜，冬天的时候，手泡在冷水里，手指头冻得像红萝卜一样，疼痛难忍。后来又去菜豆腐店打工，还去过西街的面皮店给人家洗面筋。我零零碎碎干了4个月就又回到老家去种地了。

在县城4个月的打工经历初步打开了张慧芳的眼界，她回老家没几天后又再次去略阳县城打工。二次进县城，张慧芳选择在红星食品厂做点心。在食品厂的几年时间里，她学会了做面包和蛋糕。17岁时，张慧芳便自己创业，在两河口镇开了一家蛋糕店，再后来她认识了开运输车运送木材的丈夫，于是便有了自己的家庭、有了孩子。

张慧芳不怕吃苦，丈夫也不怕吃苦，然而辛勤的劳作并没有让他们的生活蒸蒸日上。由于生意不好，蛋糕店倒闭了。不久后，国家禁止在秦岭山区砍伐树林，禁运木材，张慧芳的丈夫也失业了。

可张慧芳没有坐困愁城，在略阳县城众多的特色小吃店的商机中，张慧芳看到了特色早餐——罐罐茶，于是她的脑海中闪出了当年奶奶做茶的情景。

创办罐罐茶小吃店才使张慧芳感觉到，盘桓了近30年，她终于真正绕出了心中的那座大山，找到了适合自己发展的道路。

像奶奶那样去做好茶汤

当张慧芳心中闪出做罐罐茶的念头后，奶奶当年为家人做罐罐茶的情景就如同昨日才发生的一样清晰，成为她脑海中永远抹不掉的记忆。

奶奶的老家在略阳西北方向的郭镇，与甘肃省康县交界。这里家家都有火塘，每日晨起干活前必先在火塘旁煮罐罐茶，吃烤玉米馍。张慧芳的奶奶嫁到乐素河小湾村后，也把煮罐罐茶的习惯和技艺带到了张家。当年的日子苦涩难熬，奶奶总是想尽办法寻取食材，让全家人在早上能喝上一碗热乎乎、香喷喷的罐罐茶。罐罐茶的主料是茶，但在困难的年月，家里连最便宜的粗茶也买不起。奶奶会在春天的时候，把山坡上马桑树的嫩叶摘下来，像制茶那样杀青、揉搓和晾晒，储存起来备用。收获核桃时，奶奶把个大饱满的挑出售卖换钱，卖相不好的留下来自己熬茶。至于熬茶用的玉米、黄豆、土豆、蒜苗、韭菜之类的食材，都是自家地里和房前屋后出产的。这些普通的食材经过奶奶的精心炮制，在沸腾的罐罐茶里烹煮，总会让陋室满屋飘香。

张慧芳：羌人居住的村寨都用石块修筑碉楼，碉楼分为五、七、九层，于是罐罐茶也会根据茶里放入食材的种类多少分为几层。若是逢年过节，奶奶会把腊肉切成小丁，把油炸过的酥肉切成小块，放入罐罐茶中熬煮，硬是熬出“九层楼”的罐罐茶给家里人喝。

茶汤的香气是罐罐茶的底蕴

2000年，张慧芳的奶奶过世了，但奶奶当年煮罐罐茶的精心与细致，熬茶时每种食材的放入顺序和用量、火候等细节却印在了张慧芳的心里。为了让自己掌握更多的技艺，张慧芳又多次回到老家，向姑姑嫂嫂们以及村里的长辈们请教罐罐茶的做法，并跟着她们不厌其烦地实地操作，直到自己真正掌握了罐罐茶的传统技艺。

享誉略阳的“羌英罐罐茶”

经过长时间的考察、实习和体验，2008年，张慧芳的“羌英罐罐茶”店在略阳县城挂牌开业，一开张就得到了顾客的欢迎和称赞。她觉得只要像奶奶那样，秉承着为自己家人做事的态度去开店，就错不了。

罐罐茶是略阳人的早餐茶点，每天清晨是张慧芳和员工们最忙碌的时刻，然而在前一天下午，她就必须把第二天所用的食材精心备好。张慧芳在炉灶上搭上炒瓢，倒入当地的土榨菜籽油，把鸡蛋、核桃仁、豆腐丁、土豆丁、腊肉丁和瘦肉丁分别下锅炒好，炸熟黄豆。这些食材都是她从农家采购回来的。直到晚间把这些食材都备齐后，张慧芳才能歇一歇。

精心准备好的各种食材

正在烹制罐罐茶的张慧芳

第二天凌晨，当略阳县城还没有完全苏醒的时候，张慧芳和店里的员工们就开始忙碌了起来。不锈钢锅中，放进熬好的茶叶，以及生姜、茴香、藿香、葱根等，再加入糊状的面汤。熬制20分钟后盛入碗中，再向茶汤里加入前一天备好的食料：腊肉丁、瘦肉丁沉入碗底是第一层，炒好的鸡蛋是第二层，豆腐丁、土豆丁是第三层，锅巴和核桃仁是第四层，茶汤的面上浮着的第五层是炸麻花和黄豆。顾客们端起碗来，用小勺轻轻搅动茶汤，五颜六色、丰富多彩的食材上下沉浮，还未等入口，光看上一眼就令人食欲大振，轻啜一口，温润而香醇的罐罐茶沁入肺腑，食之无不神清气爽。

每天早上开门后，听着顾客们吃茶时发出的吸溜声和他们不绝于耳的赞美，张慧芳觉得这是对自己辛劳付出的最大回报。她在心中感谢奶奶在儿时给她的教导，也感谢羌族饮食文化给予自己的馈赠。

张慧芳：作为略阳罐罐茶的代表性传承人，我要认真做好项目的保护和传承工作，对光荣的非遗传承人称号负责，精心选材，精心熬制，一如既往地做好罐罐茶，让罐罐茶真正成为略阳的一张亮闪闪的饮食名片！

技艺展示

略阳人喝罐罐茶的习惯之所以能流传千年，是因为略阳独特的地理气候和当地独有的养生习惯。到了略阳不喝一碗罐罐茶，犹如到了汉中不吃米皮，到了西安不吃羊肉泡馍一样遗憾。

一碗罐罐茶开启了略阳人一天的序幕

技艺教学

罐罐茶制作技艺在茶叶制作技艺中独树一帜，是羌人追求原生态生活方式的精神象征。

1. 选料

选取茶树新梢往根部30厘米左右的茶树枝。

2. 制茶

茶树枝取回之后在火塘的红火灰中迅速滚过几遍，祛除青草气；等茶梢变蔫后摘下叶片清洗晾干，再用手摘下较嫩的叶片进行揉捻，然后将揉捻过的茶叶晒干。

3. 保存

将茶叶装入土陶坛子中保存。存放茶叶的坛子底部须放置一层木炭，用来吸收水分，防止茶叶受潮变质，木炭上须铺一层草纸将木炭与茶叶隔开。

4. 煮制

用高约17厘米、口径约10厘米的土罐，盛装三分之二容器的水，置于火塘上熬煮，待水开后加入备好的各种食材。

拾掇

太白凝好水，精酿古太醇

古太酒酿造技艺·邓跃前

古太酒自从第一代义盛德创孟氏酿酒法以来，每一代传承人都抱着敬畏之心对待这门传统的技艺。作为历经七代、孜孜不倦追求卓越品质的白酒企业，能够克服困难，一路走到今天，靠的是对传统技艺的热爱和坚守，凭的是世代相传的诚信与执着。

——邓跃前

扫描二维码
欣赏传承人微纪录片

古太酒

项目背景

古太酒酿造技艺

华夏五千年文明，酒文化源远流长。从“青梅煮酒论英雄”到“会须一饮三百杯”，从“葡萄美酒夜光杯”到“把酒问青天”，酒中都蕴含着古人无尽的情思。或是逢年过节、举家团圆的把酒言欢，或是两三好友的开怀畅饮，抑或是一个人的低吟浅酌，均别有一番风情。酒，是一种文化的传承，是一种精神的补给。而传承百年的古太酒正是对中国酒文化的一种独特诠释。

古太酒老作坊——义盛德位于陕西西府名镇齐家寨（今陕西省宝鸡市眉县齐镇），创建于清道光二十七年（1847年）。义盛德在集合传统的秦人秦酒的酿造技法上不断突破改进，并遵循上古酿酒之风，参悟中国历代酿酒之古意，融汇中国酿酒传统之大成，并将山西孟氏酿酒技艺融入其中，不仅实现了时间经度上的大跨越，而且还实现了地理维度上的大融合。后经邓氏一族不断改良，逐步形成了独具特色、别具一格的古法制曲、古法酿造的绝密配方，使得古太酒风靡一时，一瓶难求。

古太酒发展到今天已经有长达170多年的历史。尽管世事变迁，但是邓氏一族还是将百年古太酒的酿造技艺完整地传承了下来。

1999年，邓氏第五代传人邓鸿钧、第六代传人邓跃前传承祖业，复兴当年名噪一时的古太酒，在眉县齐镇上庙村创办眉县古太酒厂，并注册商标“邓经天”。此酒秉承祖传酿造工艺，纯粮酿造，其酒质古风犹存，蜜香清雅，自然芬芳，入口绵柔，落口爽净，回味悠长，颇受市场欢迎。

2011年，经陕西省人民政府批准，古太酒酿造技艺被列入陕西省第三批非物质文化遗产名录。

匠人故事

这里天生就是出好酒的地方

绵延千里的秦岭几千年来一直是中华民族的“天然水塔”，秦岭的最高峰太白山无疑就是水塔的最顶端。终年积雪的太白主峰，千百年来把天降的甘霖凝成冰雪，又把冰雪化作雪水汩汩地流向大地。它首先滋润了山脚下眉县地域的沃野，然后才向北流入了渭河。

太白山

眉县最早为西周部落的发祥地之一，与邻县扶风县共称“郃国”。公元前794年，秦庄公在此筑邑，因其地形似眉而取名“郿邑”。眉县处于八百里秦川的腹地，土地肥沃，物产丰美，南汲太白之水，北植稻粱黍麦，如此绝佳的环境，可谓是天然酒窖。

1983年10月，在眉县杨家村刚出芽的麦田里，出土了一组据专家考证为新石器早中期的酒具，有小酒杯5只、高脚杯4只、陶制酒葫芦7只，是我国目前所发现最早的酒器。它们的出土将华夏酒的起源从夏商时代向前推至原始社会的神农氏和黄帝时代。

诗经《崧高》中曰：“申伯信迈，王饯于郿。”说的是在周代，周宣王的舅舅申伯去谢城，周宣王便在太白山麓的郿邑设宴为其送行。

先秦时期，郿邑则是“赳赳老秦”的兵源地和大本营，每当将士东征，则把酒向天，酣畅慷慨。到宋代以后，眉县西南部的西河滩一带，更是百事兴旺，酒肆林立，连在凤翔任职的苏东坡见状也写诗道：“门前商贾负椒荈，山后咫尺连巴蜀。”到了清代，眉县的制酒业发展到了全盛的时期，各类酿酒作坊遍布城乡，尤其是齐镇的西河滩一带，因独特的自然气候和地理条件，酿酒作坊迭次开设，香溢四野。

百年传承，酒香不绝

1847年，山西商人程老板在眉县齐镇开设义盛德酒坊，眉县韩家沟邓氏家族邓世昌的三子邓吉州进酒坊当了学徒。酒坊的活儿没有哪一样是轻松的，但邓吉州不怕苦累、不惜气力，且勤奋好学，几年后便成为独当一面的酿酒师，深得义盛德掌柜的信任和赏识。后因义盛德掌柜吸食鸦片，导致商号生意下滑，不得已将义盛德转至邓氏兄弟邓吉州、邓天顺的名下。邓氏兄弟用心经营，改义盛德为福顺长，使酒号再焕生机。

20世纪30年代初，山西人郝晓春出任西京万寿酒店经理，在眉县开辟货源期间，与邓氏福顺长签订供酒协议，在西安设专营眉县纯酿白酒处，冠名为“太白酒”，一时间声名鹊起。

1999年，邓氏第五代传承人邓鸿钧、第六代传承人邓跃前顺应时代发展潮流，创办了眉县古太酒厂。

太白酒注册商标

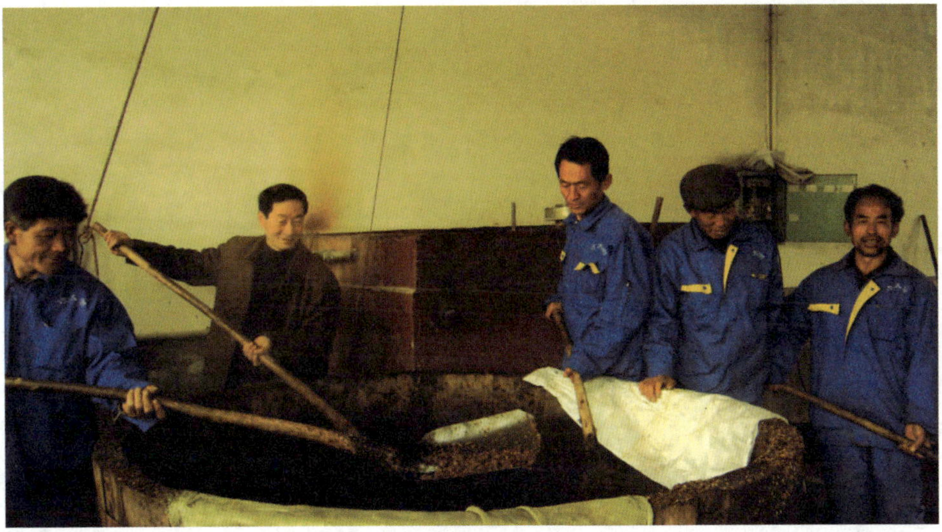
和酒把式们一起酿酒的邓跃前（左二）

只有做好酒才能对得起祖先和这块土地

邓鸿钧生于1929年，新中国成立后在小学和中学任教多年。少年时，他跟着祖父邓经天在自家的福顺长学习酿酒技艺，掌握了邓家酿酒的全套酿造技艺。1980年，他退休后又先后被多家酒厂聘为酿酒师。

邓跃前是邓氏古法酿酒的第六代传承人。从儿时起，在父亲邓鸿钧的精心指导和带教下，他就接触到酿酒的各个环节，逐步掌握了祖传的古法酿酒技艺。在历次申报县级、市级和省级非物质文化遗产项目过程中，他深入调查了解，刻苦研究，细致整理家传白酒酿制技艺的历史文献和留存资料，运用所学的文化理论知识，对古太酒手工传统酿造技艺进行理论化总结。

邓跃前从步入酿酒行业的第一天起，就牢记父亲对自己“做好酒，做好人，不负天，不亏地”的教诲。在企业的管理上，他严格秉承绿色环保、古法制曲的理念。

邓跃前：按照祖传的酿酒工序，每次酿酒都要选用太白山的雪水做酿浆，以高粱、小麦、大米、玉米为原料，用大麦、豌豆和大豆制曲，要分别经过21天、28天、45天的土窖发酵，再蒸馏取酒。酒在酒海和陶坛中要分级贮存3年以上，再精心勾兑，从而使我们的古太酒达到入口绵柔、落口爽净、回味悠长、浓郁醇厚的自然味道。

在国内白酒行业群雄扩张、各领风骚的局面下，古太酒厂这类依靠传统工艺、坚持纯粮酿造，又无雄厚的资金进行铺天盖地的广告宣传的中小企业，势必存在严重的生存危机。在困难和危机面前，古太酒厂不断根据市场的发展和需求，坚持传统与创新并重，不片面地迎合市场而改变初衷，坚持秘法制麦曲，纯粮酿造，坚守手工技艺不走样，推出了一批受广大消费者欢迎的产品，得到了市场的认可。“邓经天”牌古太酒先后被评为“全国市场消费者首选放心品牌”“中国酿酒行业历史文化优秀创新产品”“国家凤香型优级经典白酒”“中国凤香型品质卓越经典至上白酒”，企业获得了“陕西省行业名牌企业”“陕西省非遗重点保护名优品牌”等称号。

在这些荣誉面前，邓跃前是冷静的，他觉得古太酒从第一代传承至今，每一代传承人都是抱着敬畏之心来对待这门传统技艺的。一百多年来在数不清的消费者间树立的口碑就是对这门技艺的认可。作为古太酒酿造技艺的传承人，邓跃前决心要让传统的古法技艺和历史文化紧密结合，在新时代有坚守、有创新，奉献社会，造福人民，于蒸蒸日上的发展中开启新时代的新征程。

技艺展示

古太酒朴实醇厚，以原粮自香回味于唇齿之间，入喉瞬间化三分酒意升腾于胸，立神韵状胆气，即饮即化，助兴之余可解酒者心扉，即便百盏大醉，醒后仍能神清气爽。

朴实醇厚的古太酒

技艺教学

古太酒采用传统作坊式生产，非工业化、机械化，酿酒器具之所以以木质为主，是为了避免金属对酒质的影响。“固态甑桶蒸锅酒醅蒸透，沙凉匀，量水分层施均匀，手抓鼻闻定热冷，产量高低问火神”是酿造古太酒的要诀。百年来，古太酒的酿造技艺靠口传心授、师徒相延的方式代代传承。

为了适应现代化生产环境条件，邓跃前在传承酿造技艺基础上，也有一定改进，比如采用独特的原料配方，改方口窖为瓮口窖，采用独特的发酵设备，实施间歇式开放式生产等，使古太酒更具鲜明的风味特征。

拾玖

牛羊肉泡馍制作技艺·刘培慎

精心烹得牛羊鲜，古城人道清盛斋

在经营泡馍的外在形式上、服务质量上，可以改进、可以提高、可以创新，但在基于传统工艺的口味上万万不可马虎，人们的口味是很神圣的东西。

——刘培慎

扫描二维码

欣赏传承人微纪录片

牛肉泡馍

项目背景

牛羊肉泡馍制作技艺

牛羊肉泡馍是陕西的风味美食，它最早为西周礼馔，历史悠久。

牛羊肉泡馍在制作过程中要以上好的牛羊肉汤为基础，配入硬面饼烹煮而成。

牛羊肉泡馍的基本制作工艺是：先用优质牛（羊）肉、牛（羊）骨，配以花椒、大茴、小茴、草果、桂皮、干姜、八角等调料，入锅内煮至肉酥烂、汤汁浓备用。用优质水和面，烙成饦饦馍，再将馍掰成黄豆大小的碎块。炒锅加浓汤汁，再添适量水煮开，放入切好的熟牛（羊）肉和适量粉丝稍滚，再将掰好的馍块倒入，加调味品烹煮1~2分钟，淋熟牛（羊）油盛入碗中，佐以糖蒜、辣子酱、香菜等。食用时，先将香菜、辣子酱在煮好的泡馍上铺一层，香菜可以提味，辣子酱可以刺激食欲。食客选定方位，循序渐进，始终从一处地方沿着碗边刨食，切忌来回翻搅，以保持牛羊肉泡馍的香味不散，有人把这种进食方法称为“蚕食”。

曾几何时，西安市东大街上的黎明牛羊肉泡馍馆是与老孙家、同盛祥等齐名的牛羊肉泡馍馆。黎明牛羊肉泡馍馆的前身便是益华楼，创始人为白福贤先生，是现在清盛斋牛羊肉泡馍馆的创始人刘培慎的外公。作为传统名小吃牛羊肉泡馍的代表，清盛斋的泡馍料重味醇，肉烂汤浓，肥而不腻，营养丰富，香气宜人，回味无穷。

匠人故事

外公手把手教他做泡馍

早年西安城内的东大街、西大街无疑是最繁华的商业中心地带，外地人到西安城，必上东大街走一趟，看见钟楼后再往西走上一截就算把西安城逛得差不多了。能在这两条街上开个饭馆、商铺的一定不是一般人家。1932年，刘培慎的外公就在东大街的东头开了家泡馍馆，名为益华楼。新中国成立后，益华楼也踊跃加入了公私合营的队伍，更名为黎明牛羊肉泡馍馆。外公开泡馍馆，父亲开泡馍馆，刘培慎的姑父也在城墙根下开了家生意不错的泡馍馆，在这几家泡馍馆跑来跑去，小小年纪的刘培慎对制作泡馍的路数也熟悉得差不多了。

始于1932年的清盛斋，在刘培慎手中发展得越来越好

刘培慎：那个时候没有自来水，有条件的就在自家打口井，没条件的就得去别人家挑水。做泡馍的第一道工艺就是把肉洗干净，肉必须要经过四五个小时的漂洗。外公当年教我一边洗肉一边给每块肉进行按摩。我问外公为什么这样做，外公说你把肉这样揉等于把它的内部激活了，揉的过程能把残血和一些杂质或者血疙瘩清洗出来，保证每块肉都干干净净。我到现在都是严格按这个程序去做的。

在泡馍馆长大的刘培慎并没有想着今后再去干这个行当，他觉得做泡馍又苦又累，洗肉、煮肉、掂着炒瓢烟熏火燎，没有一样活儿是轻松的。刘培慎18岁时就选择了去开汽车，当时正值改革开放初期，开汽车是大部分青年觉得最时髦的职业。刘培慎开运输车，既轻松又挣钱多，出来进去都是风风火火的。但当父亲的身体不太行，家族的泡馍技艺需要有人传承时，刘培慎还是毅然卖掉了汽车，接手了家里的泡馍馆。可刚接手没几天的刘培慎却捅了大娄子。

做泡馍时，熬汤、煮肉是最关键的步骤。刚开始得用大火熬骨头汤，这个过程是6个小时；然后下肉，用大火煮2个小时后关火；接着用肉板把肉压到汤的下边，继续用小火焖肉；焖4~6个小时后，用煤渣把火封住，借灶膛的余热将肉汤焖熟。

熬汤、煮肉是做泡馍的关键，它决定了泡馍的品质

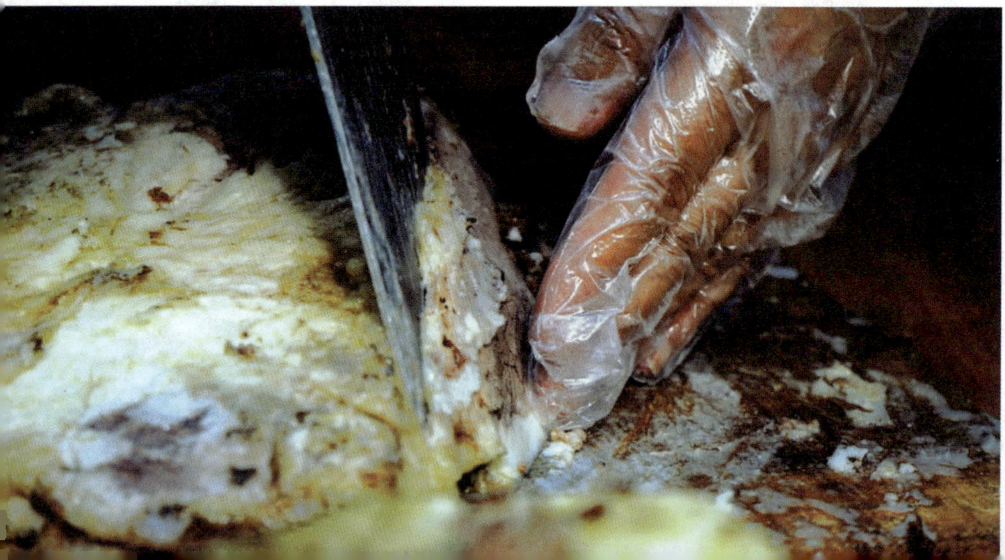

刘培慎：那一天肉和汤都煮得差不多了，按程序应该在凌晨4点的时候用煤渣把火封住。结果我睡过头没醒来，火又蹿起来，直接把铝锅烧漏了，一锅的肉和汤全废了。店里两天无法营业，损失了五六千元。20世纪90年代，这些钱是一个处级干部一年的工资。我父亲之前是教师，是个很儒雅的人，他没指责我，但一个星期没理我。我外公年纪大了，话虽不多却很有分量，他告诫我做事要认真，我们是有信仰的，做餐饮不能马虎，要用心做美食。

刘培慎说父亲之所以给他起了这样的名字，就是希望他慎独、慎行，尤其是长年累月做给人们食用的东西，更要慎重、谨慎，容不得半点儿马虎。自这件事以后，外公和父亲的教导他再也没有忘记。

把泡馍当作一种情怀

刘培慎从事清真餐饮业三十多年，牢牢把握牛羊肉泡馍的传统配方和传统制作技艺。清盛斋始终坚持品质至上、顾客第一的经营理念，用传统工艺精心烹制出料重味醇、肉嫩汤鲜、滋味纯正的牛羊肉泡馍，深得广大食客的赞誉。

刘培慎记忆最深的是他独立执掌清盛斋后熬出的第一锅汤。

刘培慎：第一锅汤熬成功时内心很激动，也很紧张，不知道顾客认不认可我熬汤煮馍的味道。第二天开业后来的第一位客人是附近的女住户，

和多年的老顾客们掰着馍聊聊天，是刘培慎一天中的快乐时光

她问："今天开门了，有啥优惠？"我说："你是第一位客人，免费。"我给她精心切肉，备粉丝、葱花，细心烹煮，盛好后一直看她吃。我外公告诉过我，你饭店里的东西怎么样不要去问顾客，要看顾客的碗里。等女顾客吃完后，我还是忍不住问她怎么样，让她提点意见。女顾客说："不错，是回坊的老味道，就是油大了些。"听了她的话我的心才踏实了一些，油大了下次我可以调整。这位女顾客后来经常来吃泡馍，她见证了清盛斋这十几年走过的路。

从2012年至今，清盛斋已经拥有了八家连锁店和一家清真食品加工厂及配送中心，其牛羊肉泡馍品牌在省内外的多次展评中获奖，先后获得"中国金牌小吃金奖""清真十佳泡馍""中国最受欢迎特色小吃"等荣誉。刘培慎也荣任陕西省烹饪餐饮行业协会清真委员会副主席、陕西省企业诚信协会副会长，荣获"陕西省注册烹饪大师"称号。

紧扣传统工艺，紧贴顾客口味的清盛斋十几年来在西安赢得了不错的口碑，刘培慎也得到了很多荣誉。在这些成果面前，刘培慎没有丝毫的懈怠和满足，他总是在思考和探索怎样才能做得更好些，让顾客更加满意，让自己的企业更加优秀。

为了满足顾客不同的需求，刘培慎设计了各种需求牌

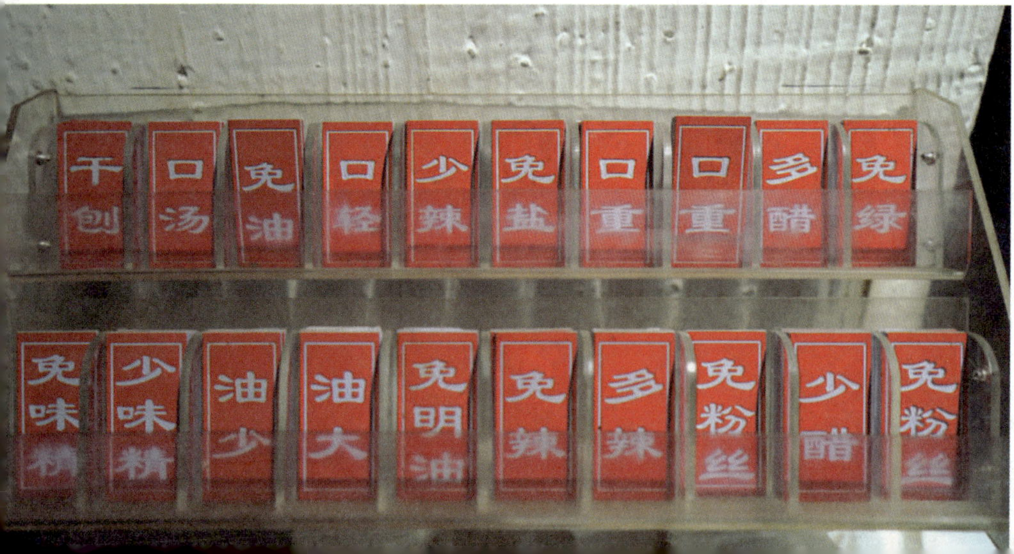

刘培慎：我是吃着西安的泡馍长大的，也是怀着虔诚的心去做泡馍的，因为这是我的外公、我的父亲传下来的美食，是将近一百年来被西安人认可的美食。我的外公在很老的时候、我的父亲在身体不太好的时候还时不时地掂掂炒瓢，为顾客烹煮泡馍。他们看着顾客吃得开心、吃得满意，心情就非常舒畅。我现在也是这种感觉，我得把自家的美食传承下去，不能丢了传统、丢了传承、丢了口味。

用心去传承

人们每天都得吃饭，泡馍馆每天都得开门，刘培慎每天都在清盛斋里忙碌着。他从未忘记外公和父亲当年把店交给自己时的殷切希望，并苦口婆心地劝说自己的孩子也进了清盛斋，学习经营，学习制作牛羊肉泡馍的全部技艺。

刘培慎：现在年轻的一代受过高等教育，有很多前卫的想法，有很多创新的意识，他们创新也行、发展也行，但是传统的工艺不能丢、传统的口味与记忆不能丢。我告诉我的孩子，你敢把你的传统口味变变试试，立马就没人了！当你的顾客走掉了，你再想把他拉回来，可难如登天。因此，在经营泡馍的外在形式上、服务质量上，可以改进、可以提高、可以创新，但在基于传统工艺的口味上万万不可马虎，人们的口味是很神圣的东西。

荣誉加身的刘培慎希望能把自家的美食一直传承下去

如今回坊的美食街已成为西安旅游的一张名片，美食街里的泡馍店不计其数，也有人劝刘培慎把清盛斋开进去，但他拒绝了。他喜欢在自己的老地方见见十几年一直来光顾的老顾客，与那些熟悉的面孔打打招呼，说几句简单的问候就是他的快乐。他说他很感恩老顾客对自己的认可，为了他们他会审慎地坚守下去。

技艺展示

肉酥烂、汤汁浓的羊肉泡馍

刘培慎说他做泡馍的成功秘诀有六条：

1. 注重管理，亲自把关，统筹运营。

2. 重用名厨。每家店都是聘请回坊具有十几年制作清真餐饮经验的大师主厨掌勺，确保口味传统、纯正。

3. 把好食材关。牛肉选用秦川牛，羊肉选用优质的宁夏滩羊，而且必须是要通过阿訇跟刀屠宰的洁净牛羊肉。

4. 坚持传统烹制工艺，绝不偷工减料。

5. 制作饦饦馍选用纯正的麦面粉，不加任何化学添加剂，馍出炉后筋道爽口、麦香扑鼻。

6. 以馍定汤，猛火烹制，完全体现坊上的传统清真风味。

技艺教学

1. 煮肉

大铝锅内加清水烧开，放入骨头，加入明矾，用大火熬约半小时，将调料袋放入锅内，再用大火熬约5小时。将肉块皮面向下摆放在骨头上，用大火煮约2小时，放入精盐，用肉板压上，再改用小火保持锅内肉汤滚动4~6小时，至肉烂汤浓。

煮肉

2. 捞肉

揭开锅盖，取出肉板，撇去浮油，把专用铁叉顺锅边插入肉下，使肉块略微松动。然后左手拿直径约40厘米的平面竹笊篱，右手拿铁叉，将肉块皮面向下捞放在笊篱上，再翻扣在肉板上，用肉汤在肉板上冲浇几次，使肉面干净。用此方法将肉全部捞出，晾凉。

捞肉

3. 掰馍

食者根据个人的食量，将馍掰成黄豆大小的馍块，放入碗里。馍块的大小由个人喜好而定，但不宜过大或过小——太大了不宜煮透，太小又容易煮成糊。馍掰好后送入厨房，厨房的切配师傅（行话称“板儿头”）给每碗切配数片肉，并根据食者要求，上边再放些粉丝、蒜苗。

掰馍

4. 煮馍

比较讲究的煮馍方法是原汁肉汤和清水分盆而放。煮馍时，取肉汤一份，清水两份，用炒瓢烧开，放切好的肉片、粉丝、蒜苗稍滚，倒入馍块，加调味品用大火煮1~2分钟，淋入熟牛（羊）油，盛入碗中。

煮馍

贰拾

谭家甑糕制作技艺·谭军平

四代传承糯米香，坚持创新不忘本

谭家甑糕传承至今历经百年，到我这已经是第四代，咱们说的传承是要继承发扬上一辈的精神，留其精华，并不是死板固守，这样才会有更多的人愿意传承。

——谭军平

扫描二维码
欣赏传承人微纪录片

谭家甑糕

项目背景

谭家甑糕制作技艺

甑糕是关中地区的风味小吃。甑糕的起源可以上溯到黄帝时期,是由三千多年前西周时期王族专用的食品“糗饵粉糍”演变而来的。最初是在糯米粉内加入豆沙馅蒸成的糕饼，至唐代才发展为枣米合蒸。

谭家甑糕始于清末民初，兴于当代，已有百年历史。谭家甑糕选用优质糯米、上等红枣、芸豆作原料，经过四代人的努力，形成了一套独特的制作方法，还衍生出谭家粽子、八宝甜饭等系列品种。谭家甑糕风味独特、色泽鲜润、枣香浓郁、绵软黏甜、营养丰富、老少皆宜。

2016年12月，谭家甑糕制作技艺被列入杨凌示范区第五批非物质文化遗产名录。

匠人故事

千年传承的一碗人间烟火

四方食事，不过一碗人间烟火。西安人的“人间烟火”，少不了清早在街头巷尾的早点摊上来一碗香甜软糯的甑糕。甑糕，是关中地区特有的风味小吃，因用糯米、红枣、芸豆置铁甑上蒸制而成得此名。由于营养丰富、滋补健身，甑糕千百年来一直深受广大民众的喜爱。

甑糕是陕西关中地区的一道特色地摊小吃，绝大多数没有店面，在西安回民街，一整天都可以买到。关中口音，甑糕的“甑”不读“zèng”，而是随古音读作“jìng”。甑是古代蒸饭用的底部有气孔的瓦器，在距今6000多年的半坡文化时期，甑就已作为炊具出现在人们的生活中。在位于西安浐河东岸的半坡遗址中，考古人员曾发掘出一大批陶器，其中就有甑。由此可以判断，先人们在那时就已经掌握了使用蒸汽来加工食物的技艺。

制作甑的材料经过几千年的演化，由最初的陶土，到青铜、竹木，再到现在的铸铁，人们对甑的使用和钟爱也传承了几千年。用甑制作出的甑糕是具有悠久历史的传统小吃。据《周礼》记载，西周时期，人们用糯米粉加豆沙馅蒸成糕饼，作为王族专享食品，叫作“糗饵粉糍”，秦代叫作“粉糍”，这被看作甑糕的雏形。到了唐代，甑糕方才演化出现在的做法。陕西有很多像甑糕一样历史悠久的食物，它们从历史的尘埃里穿越而来，今天依然出现在百姓的餐桌上。

在陕西，甑糕是土生土长的地方小吃，虽历经时代发展变迁，风味却从未改变。而在陕西甑糕发展的历史长河中，杨凌谭家甑糕历经百年，四代传承，是所有甑糕里最具代表性的一家。

谭军平：我们谭家制作甑糕的时间少说也有100年了。说句心里话，毕业于名牌大学的我前些年也许是年轻气盛吧，不但不愿意继承家传的甑糕蒸制手艺，甚至对它还多多少少有些抵触。后来，我之所以愿意重操祖业，一是被父辈认真执着的敬业精神所感染，二是杨凌、武功一带及关中的父老乡亲的确非常喜欢吃谭家甑糕，我不能让几代人延续下来的这个绝活儿、这门极具民间饮食文化特色的百年技艺，断在我这一辈人的手里！

从传承到创新

2003年，谭军平从华东科技大学毕业后，抱着闯出一番大事业的决心，毅然投身商海，搞起了当时非常火爆的手机销售。靠着骄人的业绩，他一度晋升到管理近百名员工的陕西地区总经理的位置。岂料天有不测风云，因为缺乏上线优势资源，陕西地区手机销售市场行情急转直下，不到半年时间，谭军平竟然赔了40多万元。

谭军平：那个时候真的是把亲戚朋友的钱借遍了，已经到了负债累累、无路可走的程度。由原来的高峰一下子跌落到低谷，一败涂地的自己已经彻底崩溃了，欠人家的这几十万元什么时候才能够还上呢？

直到2013年，随着家中承包地里早年栽下的苗木陆续长大出售，谭军平终于补上了令他经年坐卧不安的这个大"窟窿"。当初不听父亲劝诫一意孤行的他抚今追昔，痛定思痛——把谭家几代人含辛茹苦，潜心摸索出的甑糕制作技艺发扬光大并没有什么不好。

谭军平的父亲谭麦存早年间在菜市场卖甑糕，上百斤的甑糕一早上便可卖完

谭军平毕竟是毕业于名校的大学生，在认真总结几代人栉风沐雨辛苦经营谭家甑糕得失成败的基础上，他大胆引入新思维、新观念，学习借鉴市场上其他餐饮品牌成功的宝贵

经验，并特别注重把餐饮文化植入其中。谭军平坚信，一个有文化的产品和一个注重文化内涵的企业才可以走得长远。制订规划必须切合实际，品牌理念必须一以贯之、锲而不舍，再苦再难也丝毫不敢走样。

谭军平：只有用好食材，才有可能制作出好的食品。只有你的食品有了良好的口碑，你才有可能获得理想的社会效益和经济效益，做到双赢。谭家粽子所用的粽叶全部由越南进口，而且从来不重复使用。为啥？就是要保证品质。一开始我父亲不同意把甑糕、粽子放到网上销售，我一面诚恳耐心地开导老人，一面在线上进行销售尝试。想不到效果居然出奇得好，而且在网络同类产品中，咱谭家甑糕的销量总是名列前茅。

每到端午节前后，谭家甑糕粽子店门口总是挤满了食客

品牌的发展靠的是优秀的品质

谭家甑糕店选用优质东北五常糯米、上等陕北无核红枣作原料，味道与众不同，制作甑糕的工序也非常讲究。

刚出锅的甑糕

蒸好的甑糕，白色的糯米、绛红的枣泥和咖色的芸豆，三者完美结合，迎来味蕾的甜蜜绽放。做甑糕要会蒸，还要会铲、会装盒。用专用铲刀将甑糕铲得枣米交融，红白相映，装入盒中如琥珀似凝脂，诱人食欲。

清晨五点钟，老谭家的灯在巷道里第一个亮起，甑糕在此时出锅是要赶上人们吃早饭的第一波高峰。甑糕好不好吃，还要看铲甑糕的人手艺怎么样，米和枣的量一定要适宜，吃起来米和枣的甜香同时入口，才会软糯弹牙，口感丰富。

几年前，老谭家的甑糕还是靠谭老爷子拉着车到集市上叫卖。谭军平接手后，在街上开了两家店面。

谭军平：小时候，是父亲靠着制作甑糕的一口大锅，把一家人带进了城市，让我受到了良好的教育，成为一名大学生。谭家几代人为了一锅甑糕艰苦打拼奋斗，品牌来之不易。守住品牌、发展品牌，进一步弘扬品牌、叫响品牌，是我义不容辞的责任！

如今，谭家甑糕已经实现标准化机器生产

如今的谭家甑糕，由父亲谭麦存负责工艺制作，儿子谭军平负责外围销售，父子俩配合默契，谭家甑糕发展迅速。2017年，应陕西省非物质文化遗产集中保护街区西安永兴坊盛情邀请，作为杨凌区唯一一家食品企业，谭家甑糕专营店已入驻其中，其一流的品质口感和温馨的诚信服务，吸引了大批食客。

谭军平：感谢杨凌区政府为我们中小餐饮企业着想并分忧解难，帮助我们集中建起了高标准的生产用房。随着设施的逐步完善，谭家甑糕、谭家粽子要走的路还很长。我虽然投身餐饮行业时间不长，但已经深深地爱上了这个行业。我需要学习钻研借鉴的东西真的是太多太多了。我多次根据西北农林科技大学专家教授的建议，及时调整改进产品配方，请消费者免费品尝并提出意见。

谭军平和西北农林科技大学合作，研发如何能既保留老手艺做出的传统味道，又符合现代化生产标准

谈及甑糕的未来，谭军平意味深长地说："先辈们走街串巷卖甑糕，养活一家老小，如今我在城市立足，依靠甑糕撑起家业。我希望后辈继续奋斗，走出去学习先进的管理经验和经营模式，继续传承甑糕这一地方特色美食，让其走向世界。"

技艺展示

谭家甑糕色泽鲜艳，红白相间，软硬适度，形色俱佳，枣香浓郁，软糯黏甜，味道醇厚，是食客们的心头好。

色泽鲜润、绵软黏甜的谭家甑糕是食客们的心头好

技艺教学

1. 备料

准备长粒糯米、红枣、芸豆若干，先将糯米放入清水浸泡4小时。再将泡好的芸豆凉水放入锅中煮上15分钟，捞出控干水分备用。煮过的芸豆蒸的时候会更加软烂。

2. 铺装

选择平底容器，将泡好的糯米均匀的铺在最下面一层，再铺上一层红枣和芸豆，如此反复3次，共铺7层（3层米，4层枣和豆）。

3. 焖蒸

铺完后盖上湿布和锅盖，旺火把水烧开，上气后反复在湿布上洒水3次，后用文火焖蒸一整夜。

贰拾壹

凤翔豆花泡馍制作技艺·董连绪

白汤雪花红油转，金玉琼浆传百年

祖祖辈辈做了几十年的豆花泡馍，说是为求生计也确实是，但还是对这门手艺有感情的。这半年身体不好，休息了半年没再做，我这心里就感觉像缺了点什么。等我身体好利索了，我还是要继续做，做个十年、二十年，让这炉火再烧得旺一些、香味再飘得远一些，这才是我家的味道，也是我们凤翔的味道。

——董连绪

扫描二维码
欣赏传承人微纪录片

凤翔豆花泡馍

项目背景

凤翔豆花泡馍制作技艺

豆花泡馍是流传于陕西省西府地区的传统风味名小吃。其馍采用独特工艺加调味料烙成，厚过寸，锅形，敲之有声，俗称“锅盔”，对火候、口感要求严格，色金黄，外脆内韧，嚼之劲道，麦香醇厚，用快刀削成薄片，形似金叶。豆花用品质上乘的黄豆土法做成，鲜嫩爽滑，煮而不散。豆花泡馍在宝鸡一带非常流行，近年来发展迅速，已经遍及陕西乃至省外的许多大街小巷。

2011年，经陕西省人民政府批准，凤翔豆花泡馍制作技艺被列入陕西省第三批非物质文化遗产名录。

2013年，董连绪入选为宝鸡市豆花泡馍项目代表性传承人。

匠人故事

清晨从一碗豆花泡馍开始

对于大多数宝鸡凤翔人来说，每天清晨一定是伴着浓浓的豆香醒来的。这豆香源自一捧捧黄豆熬成的浓浆，点成豆花，配上锅盔，凤翔人的一天便从一碗豆花泡馍开始了。

凤翔县城

凤翔流传着一句俗语：“白汤雪花红油转，不觉吃了九十年。”

豆花泡馍是从什么时候开始有的，如今已无从考证。相传，当年苏轼任太守时，在品尝了豆花泡馍后，身为美食家、大文豪的他，对这种将南北风味巧妙融合为一体的百姓日常饮食赞叹不已，曰：“东湖柳，姑娘手，金玉琼浆难舍口。”其中“金”说的是金黄的馍片，“玉”指的是奶白色的豆花，“琼浆”则是豆浆的美称。

自立门户，历经坎坷

1963年，董连绪出生于宝鸡市凤翔县城关镇石家营村，也许是因为生活艰苦，常常食不果腹，他从小就立志要吃遍秦川。董连绪的岳父李杰早年以卖豆花泡馍为生，董连绪第一次尝到岳父做的豆花泡馍，就再也忘不掉那古朴醇香的味道。每当岳父做起豆花泡馍时，董连绪就跑去帮忙，在一旁认真地看、默默地学，岳父看他勤奋好学、肯吃苦，便将全部手艺传授给了他。

豆花泡馍的制作看似简单，实则蕴含着很多学问。豆子的品种不同，点豆花的石膏的浓度略有高低，调料的配比稍有调整，豆花的口感就会天差地别。为此，董连绪在学习的过程中悉心研究，仅半年时间，他尝过的豆花泡馍就有上千份。三年后，董连绪自立门户，拥有一台属于自己的石磨子成为他梦寐以求的事情。

董连绪：开始的时候买不起石磨子，得把豆子扛到别人家去磨。当时我们凤翔卖豆花、卖豆浆的人太多了，必须凌晨4点钟起来排到前头去磨豆子，不然赶大家吃早饭前就做不出来。我当时就想什么时候能自己买一台石磨子就好了。

拥有一台石磨子是董连绪当初最大的心愿

几年后，董连绪靠自己的努力买到了石磨子，他憧憬着以后家里的日子能越来越好。然而还来不及高兴，一场大雨就浇灭了他所有的希望。董连绪刚刚攒钱买来的50袋黄豆存放在库房，半夜下起了暴雨，雨水漫进库房。他只来得及转移一部分黄豆，剩下的多半泡了水、受了潮，一连几天阴雨过后，能用的黄豆已经所剩无几。可生活还得继续，没有黄豆家里就没有经济来源，一家人的日常开销都靠董连绪这个小小的豆花泡馍摊子维持。无奈，他只能找亲戚朋友东拼西凑了350元重新买黄豆。要知道，那时一碗豆花泡馍只卖2毛钱，董连绪要卖1750碗才能把这笔钱还清。

讲良心，守匠心

守着这摊小生意几十年，董连绪和他的顾客们已经有了心照不宣的默契，他盛的豆花总比别家多一勺，他这里的豆浆可以随便喝。他总说，大家生活都不容易，吃一碗豆花泡馍要干一早上活儿呢，吃不饱哪还有力气？董连绪对顾客负责的态度是出了名的，每当有顾客来临，他总是笑脸相迎，乡亲们亲切地称呼他“老董”，简朴的小摊上总是弥漫着愉悦的氛围。小摊虽不比门店精致，但董连绪对食品、环境的卫生十分重视，地面、桌面上总是干净整洁，别人洗碗用一桶水，他一直都坚持用两桶。

小小的黄豆，维持着一大家子的生计

过去的几十年中，每天早上5点，董连绪就会早早出摊卖豆花泡馍

董连绪：大家为啥喜欢我家的豆花泡馍？这是因为每天早上我只卖到固定时间，卖不完的我直接就倒了。从来没有说今天卖不完的，放到明天早上继续卖。我卖顾客2毛钱一碗，就要对得起这2毛钱，不能弄虚作假。买材料都是拣最好的买，这样我才觉得心里踏实。

“田家少闲月，五月人倍忙，夜来南风起，小麦覆陇黄。”每逢收麦时节，董连绪一家便迎来了一年中最繁忙的日子，这段时间豆花泡馍的生意是一年当中最好的。清晨，乡亲们在下地干活儿之前，早早来到董连绪的摊子上咥碗豆花泡馍，平日里一天磨10公斤豆子，现在得磨15到20公斤。别人家下地干活儿是从大清早开始到天黑收工，而董连绪则要从早晨天没亮就来到集市撑起摊子、生起火，等待着吃早饭的人们，一直忙碌到第二天凌晨，直到把食材都准备好才能休息。

董连绪：当时年轻、身体也好，放到现在的话，根本没那个精力了。现在回想起当年，一天干下来好像也不觉得累，越干越有劲儿。

传承，是机会更是使命

董连绪的女儿17岁时便提出要辍学打工，为了让女儿体会生活的艰苦，重返校园，董连绪便让女儿跟着他卖豆花泡馍。没想到事与愿违，女儿竟爱上了做豆花，一心要继承父亲的这门手艺。在董连绪的悉心教导下，女儿掌握了制作豆花泡馍的全部要领，成为父亲最好的帮手。然而，近年来城市环境改造整顿，董连绪的路边摊受到了诸多限制。无奈之下，女儿去江苏打

女儿成为董连绪最好的帮手

工，临走前她向父亲承诺，不久的将来，一定给他开一间属于自己的门店。

董连绪：我这生意要是说开个门店确实不容易。单独开一个门店得借多少钱呀……哎，我现在都不敢想。

2011年，凤翔豆花泡馍制作技艺被列入陕西省第三批非物质文化遗产名录，董连绪被评为市级传承人，这对董连绪来说是至高无上的荣誉，也是沉重的责任。为了传承技艺，他去过路边摊，去过高档餐厅，也进过学校食堂，教授过的徒弟有百余人之多。同时，他也将豆花泡馍带到了甘肃、青海、宁夏等地，使之迅速发展，遍及省内外大街小巷。

董连绪：成为传承人之前，我就是个做饭的，从没想过还能搞出这些名堂。成为传承人我当然高兴，与此同时也要担负起传承的任务，把豆花泡馍宣传好、发展好。

如今，董连绪在制作豆花泡馍这条道路上已走过了近40年，时光流转，岁月变迁，他依旧在炉灶间忙忙碌碌，期望着这缕醇香飘得更远。

董连绪经常会教两个孙子如何挑选出好黄豆

技艺展示

用浓汁豆浆加佐料将馍片和豆花滚汤烧煮烩成一碗，豆花洁白，如白玉含脂、滑爽细嫩；馍片金黄，如金鱼嬉戏、水面秋叶，软香耐嚼，回味醇厚；汤色乳白，如琼浆玉液，豆香浓郁；佐以凉拌爽口时令小菜、秘制烧腊卤品，营养丰富，解渴耐饱，醇香滋润。

豆花泡馍里的锅盔对火候、口感要求严格，色金黄，外脆内韧，嚼之劲道，麦香醇厚，用快刀削成薄片，形似金叶

油泼辣子是豆花泡馍的灵魂

技艺教学

1. 选豆浸泡

选取上好黄豆，用凉水浸泡，泡至黄豆既不胀裂，也不硬为止。浸泡时间春夏季为8~10小时，秋冬季为10~12小时。

选豆浸泡

2. 磨制过滤

将浸泡好的黄豆磨成原汁豆浆，过滤豆渣。把过滤好的豆浆倒入锅中，用小火慢慢煮沸，撇去上面的浮沫。

磨制过滤

3. 点豆花

取三分之二的熟豆浆，用食用石膏慢慢点入锅中，轻轻搅动， 均匀静置，即成鲜嫩滑爽、煮而不散的豆花。

点豆花

4. 制豆浆

给其余三分之一的豆浆加入温水，制成稀豆浆。

制豆浆

5. 和面

用温水融化酵母，倒入面粉中，搅拌均匀制成酵面。再次取面粉倒入容器中，加入酵面搅拌均匀，搓成絮状，揉成较硬的面团，用干净的湿布或保鲜膜，覆盖发酵1小时左右。

和面

烙制

6. 烙制

发酵好的面团揉入碱面，制成厚度为4~5cm的锅盖形状或长方形的面坯。用板针工具或竹针在面坯上扎出针眼。平底锅预热，把制好的面坯放入锅内烙制，期间翻动面坯，烙至两面金黄即可。

制作油泼辣子

7. 制作油泼辣子

将花椒、八角、桂皮按一定的比例混合炒干，粉碎制成粉料，再取250g微粗辣椒面和10g细辣椒面搅拌均匀放入容器中。将750g菜籽油倒入锅中加热至90~100℃关火，油温降至70~80℃时，将500g热油泼入搅拌好的辣椒面中。再将150g的辣椒面加入泼好的辣椒面中，把剩余的250g菜籽油加热至100℃直接泼入即成。

成形

8. 成形

稀豆浆入锅烧开，锅盔切成4~5cm长、0.2cm厚的馍片入锅微煮。将煮好的馍片盛入碗中，再将豆花舀在馍片上，加入食盐，舀入热豆浆，淋上油泼辣子即成。

贰拾贰

巧手织得银丝绦，马额挂面好味道

临潼马额手工挂面制作技艺·王忠合

现在市面上的挂面很多，但大多是机器压制出来的，口感差远了。我的手工挂面叫吊面，它是一根一根地在阳光底下吊出来的，表面充分吸收了阳光的味道，自然就不同于机器压制的挂面了。

——王忠合

扫描二维码
欣赏传承人微纪录片

临潼马额手工挂面

项目背景

临潼马额手工挂面制作技艺

瑑王村位于西安市临潼区东部的马额街道办，是一个大村，村上的人祖祖辈辈以吊挂面为生。在清末民初，这里的挂面在十里八乡很有名气，这与瑑王村所处的地理位置有关系。瑑王村位于临潼区交通要道上，客商车马络绎不绝。出马额不久就进了大山，要吃上一锅热饭，挂面自然成了不二选择。祖居此地的王忠合家，吊挂面手艺远近闻名。其选料考究，制作精细，因“茎直中通”（每条挂面的横切面都有针尖大小的孔），故有“空心”之称，靠着父辈们代代口传心授，至今仍保留着最为传统的制作技艺。

2020年，临潼马额手工挂面制作技艺被列入西安市第六批非物质文化遗产名录。

2021年，王忠合入选为西安市临潼区非物质文化遗产项目临潼马额手工挂面制作技艺代表性传承人。

匠人故事

早年的挂面是奢侈品

小时候，王忠合常常看着爷爷和父亲制作挂面。那个年代，家里虽然天天都在做挂面，但自己却只能吃到挂面的下脚料——挂面吊杆上的弯曲挂面或粗细不一的挂面头。

王忠合那时最盼望过年，因为过年期间就能吃上几顿臊子面。要过年了，条件好的家庭会雇人挂上几架挂面，能吃上三五个月；条件差的人家用麦子去挂面作坊换上三五斤挂面。大年初一早上，主妇们将挂面煮熟后浇上几勺漂着肉丁的臊子汤，就算是美味的年饭了。逢年过节、走亲访友或看望老人，提上几把挂面，算得上佳礼。

吊挂面必须使用全麦面，也就是精粉细粮。在物资匮乏的年代，没有哪家是一年到头都能吃上细粮的，所以吃顿挂面就算是改善生活了。

虽然爷爷和父亲都以做挂面为生，但王忠合一开始并没有打算投入这个行当。1962年，高中毕业的王忠合算是村上的文化人，他当上了队里的记工员。每天晚上生产队的社员们吃完简单的晚饭后，都会集中到煤油灯下，让王忠合在工分簿上把自己当天应得的工分记在上面。年底分红、分粮食，全凭工分簿上的数字说话。王忠合的记工员工作干得不错，三年以后，他就被大家选为生产队队长。他当队长期间，上级发文件要求农村发展农业生产的同时也要发展副业。王忠合是村干部，干农活要带头，发展副业照样也要带头。因为村子里有吊挂面的传统，所以做挂面的副业就顺理成章地在全村展开了。王忠合就是在那个时候接过了祖传的吊挂面手艺。

王忠合：那个时候人们手头都没有多余的现钱，都是拿麦子来换挂面，我们也只是挣个加工费，这在当年也是个能挣钱的生意。

用马额手工挂面做的臊子面，面香、汤浓、臊子足，深得人们喜爱

王忠合后来也买过机器，做过机器挂面。机器挂面产量高、销售面广，一开始也还能有不错的利润，但随着市场行情的波动和人们口味要求的提升，机器挂面的销售很快便走入了低谷，王忠合的轧面机器便彻底歇了下来。

做挂面是个力气活

王忠合：做挂面不仅仅是个技术活，而且是个力气活。做的过程当中哪个环节都不能粗心，稍微粗心一下就要出现问题。

王忠和说："做好挂面首先得有好的面粉，原材料不好，技术再高也做不出好面。"好面粉出自好的小麦品种。王忠合提起当年优良的小麦品种仍是如数家珍，他懂得最好的麦子出自上茬地里种过苜蓿的土地，苜蓿种了几年后把根刨掉，再种上小麦，不但产量高，而且磨出的面粉吊挂面筋道、口味好。

做挂面的第一步就是和面，把面粉倒入像陶瓮一样的海子里，加上水和适量的盐开始揉合。十斤或几十斤的面粉完全凭手臂上的力气反复地搅拌和揉搓，揉出面团的筋道和韧性。和好的面饧上一段时间后就要"出条"——这是挂面的雏形。出条后，把指头般粗细的面条挂在竹竿上，在一定的拽力作用下，面条被越拉越细，直到成为千丝万根的银线。

做挂面是个力气活儿，天不亮就得干

王忠合：吊挂面首先要把天气看好，早年的天气预报不大准确，全靠经验估计第二天的天气。天气好的话，当天夜里两三点钟就得起来和面、饧面，然后上条、上竿子。一海子也就是一条面，六十斤的面挂起来就得三四个钟头。不停歇地忙几个钟头下来，再精壮的劳力都会累得直不起腰了。

非常担心祖传的手艺能不能传下去

随着国家经济的不断发展，人们的生活有了极大的改善。餐桌上的各类面食丰富多彩，手工挂面不再是生活中的奢侈品了。手工挂面既费时费力又不挣钱，很少有年轻人愿意学习手工挂面的制作技艺，这门技艺濒临失传。王忠合也曾想把挂面制作手艺教给儿子，但儿子觉得吊挂面远不如去外面打工挣得钱多，便放弃了守在家里做挂面。王忠合只得把手艺传给儿媳。

如今，王忠合的儿媳也成了做挂面的一把好手

王忠合和儿媳一起制作挂面

王忠合：我家做的手工挂面从祖宗手上传下来就是空心的，即便挂面挂得像缝衣针那么细也是空心的。这个技艺是我们传统饮食文化的瑰宝，是我们祖先的智慧，如果真失传了就太可惜了！

2021年，王忠合被评为临潼马额手工挂面制作技艺区级传承人，看到政府对这项非物质文化遗产如此重视，他感到了责任的重大。在培养徒弟传授技艺方面他身体力行、不遗余力，在本村教成了七八个徒弟，并且使他们都达到了可独立操作的水平。王忠合坚信自己的手工挂面有着别的面食不可替代的优点，他会坚守在这方阵地并把临潼马额手工挂面传承下去。

技艺展示

“茎直中通”的临潼马额手工挂面

临潼马额手工挂面饧面时间长，因此面好消化、易于肠胃吸收，配上什锦臊子，色香味俱全，营养丰富，是招待客人的佳品。

技艺教学

1. 选料

选用关中地区优良的小麦品种，做出的挂面最佳。

选料

2. 磨面、和面

用青石磨盘将小麦磨细后，在大海子里放入面粉，然后浇入盐水，盐的多少与温度有很大关系，一般10斤面4两盐。面和好后要饧面，夏天饧面时间短、冬天饧面时间长。

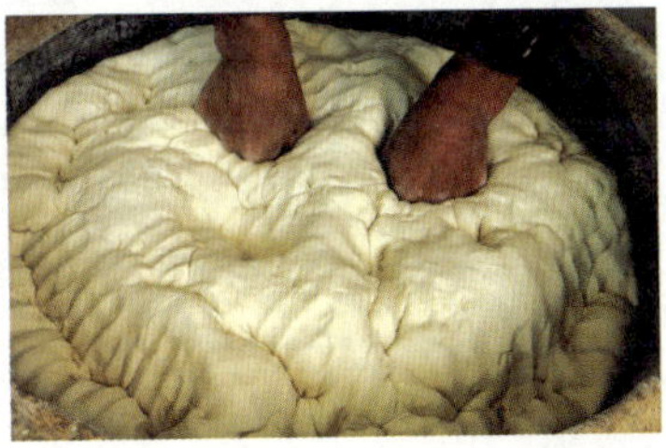

磨面、和面

3. 上案、打条

打条一共要进行三次。第一次一个案子打五六条，间隔半小时左右第二次打条，第三次打条与第二次间隔一小时左右。打条与揉面结合，第三次打条最重要，这一次面已基本成形。打条完成就要将竹竿插入海子里，等挂起的面继续饧一段时间，以备天亮前上竿挂吊。

上案、打条

4. 上竿

凌晨三四点开始上竿，赶太阳升起前必须上完。

上竿

5. 开面

上竿挂起后就要开面，即用竹竿反复将“面交”分开。面条下方还要根据天气、温度，进行外力拉伸，这样面条会一丝丝拉到2米多长，如银丝瀑布。

开面

6. 切面、包装

一次取4竿面，在案子上切成25厘米左右的面条，用包装纸和细麻绳捆扎包装，以便储藏运输。

切面、包装

贰拾叁

包子不在褶，香漫三条街

渭南时辰包子制作技艺·朱新义

在人的感觉器官中，嘴巴是最“刁”的了，食物的好坏第一口就能吃得出来，所以做包子一点都掺不得假，稍有马虎客人就不来了。

——朱新义

扫描二维码

欣赏传承人微纪录片

渭南时辰包子

项目背景

渭南时辰包子制作技艺

时辰包子是流传于渭南城区及周边地区的一种著名小吃，它的做法始创于清朝乾隆年间。清光绪二十九年（1903年），每天一大早，包子能手张坤店铺前食客蜂拥，一过时辰就买不到了，于是人们给这种包子加上“时辰”二字，并流传至今。时辰包子的制作口诀是“碱酵合适皮色正，板油切碎油不腻，葱切马耳味不苦，调料配足味浓香，馅不外露要包严，皮薄匀称外观美”。

2011年，经陕西省人民政府批准，渭南时辰包子制作技艺被列入陕西省第三批非物质文化遗产名录。

匠人故事

没想到一做就是40年

朱新义的家在农村，他的兄弟姐妹有6个之多，加上父母家里近十口人，吃饭是家里的头等大事。20世纪80年代，朱新义的父亲觉得家里的土地也种不出什么名堂，去城里做点小生意也许能解决家里的温饱问题。满大街转了好几天的朱新义父亲觉得卖包子的生意能做——渭南人似乎顿顿早餐都离不了包子，满大街渭南时辰包子，家家的生意都是热闹红火。开包子铺本钱小，当天投资当天就能得利，虽然挣不了大钱，但每天都有进项，可以解决家里的燃眉之急。

父亲的包子铺开得很顺利，从开张那天起，生意就风生水起。朱新义说他的父亲出手不凡，雇请的是好手艺的包子制作师傅。

老朱时辰包子门店

朱新义：当时请的是渭南比较有名的师傅侯生长，他做包子特别认真，味道特别地道，在渭南远近闻名。

朱新义的父亲最初的想法是开上几年包子铺能解决7个孩子今后的上学问题，等孩子们都大了，能担上力的时候就不再干了，哪个庄户人家能把包子铺开上一辈子。然而，朱新义家的包子铺却让父亲投入了后半生时光，朱新义接手后也已经干了40年，估计还得接着干下去。

做着“五花六花糖麻花”的梦，没想过包子梦

在兄弟姐妹中间，朱新义上学时的成绩最好。他在初中时期就有着诸多的爱好，吹笛子、吹口琴，在学校的文艺队表演节目，还练过几天书法。

高中阶段，朱新义有许多理想，沉浸在各种彩色梦幻中的年轻人无疑是幸福的，然而，把暄腾腾的大包子带入自己的梦境，朱新义没有想过。高中毕业没能跨入大学门槛的他不得不接受“骨感”的现实。

朱新义对渭南的时辰包子情有独钟，在困难的年月里能吃上几个时辰包子那就是过年，每当闻到时辰包子那异常诱人的香味时，口水就在他嘴里打转。可一旦天天有包子吃，天天要和包子打交道，过年的感觉就没有了。

由于对时辰包子情有独钟，朱新义一干就是几十年

朱新义：从学校毕业后父亲就对我说，你得学个手艺，人有一技之长，才能自谋出路。我那时年轻，有很多的想法，心里比较排斥干这行，但是家庭条件决定了我必须尽快自立，于是就下定决心跟着父亲干了，这一干就是几十年。

凌晨4点，朱新义已经来到店门口准备开门，这样的习惯他已经坚持了几十年

渭南时辰包子讲究的是“站”的直，“准”个时，“热”着吃，所以每天卖的包子必须是早上现包的

做餐饮行业是非常辛苦的，做包子也一样。除了前一天备好料外，朱新义每天凌晨4点钟就得起床，择菜、洗菜、切菜、和面、拌馅、捏包子、上笼屉等，一直到中午打烊，七八个小时无一刻空闲，一年365天，天天如此，即便是大年初一的早上，渭南市民的早餐也离不开时辰包子。朱新义接手包子铺的重担以后才逐渐体会到，经营包子铺不仅仅是挣钱的问题，更是满足广大食客们的早餐情结。哪天有事不能开门营业，顾客们望着落锁大门的失望神情，是令朱新义不忍心的。朱新义说：“顾客们好咱家这一口，是对咱的信任和褒奖，这不是花钱能买来的。”

像师傅那样把一切做到最好

朱新义常常念叨的一句话就是：朱家的包子做得好，得益于当初侯生长师傅做的“酵子”好——侯师傅做事非常严格，本本分分，每个环节都不马虎，更不会有一丁点儿偷工减料。

朱新义：侯师傅到我家铺子的时候，已经60多岁了，但他要求特别严格，比如切韭菜，要求切成几毫米，就得是几毫米，切得稍微粗糙点他就

早上6点，店里已经坐满了食客

不乐意了。和面时要求必须“三光”——手光、面光、盆光。在用料上我们一直按师傅的要求，“要舍得”。比如大油包子，必须用咱渭南当地土榨菜籽油，一斤猪板油得倒半斤菜籽油，少一两都不行。葱得是赤水出的葱。花椒必须是韩城的大红袍，不能买当地苹果园套种的花椒。面粉更得讲究，不是随便去超市买就行的。

渭南时辰包子中最受当地老百姓喜欢的就是大油包子了。朱新义常常津津乐道的就是朱家大油包子的制作技艺。其主料是猪大油，也就是猪肋条两边的板油，将猪板油采购回来后切成小块，用十多种调料和菜籽油搅拌后腌制起来，用前一天和好发起来的纯酵面包包子。包子蒸熟后，大油融入面中，食后满口余香，馅料肥而不腻。

2018年，六十岁的朱新义被评为渭南时辰包子市级非物质文化遗产传承人，他没有把自家包子的技艺和配料方子秘不示人，而是像当年侯师傅教他那样，把绝技毫无保留地传授给徒弟。

朱新义：我现在带过的徒弟有一百多个了，我总是一丝不苟地给他们教，只要他们认真学，都能掌握技艺，回家就能开店。做饮食首先得有德行，我教徒弟要先看这个人的德行，德行不行我就不教。

朱家包子铺从早年的两三个人的小店发展到如今的十几个员工、100多平方米的店堂，但朱新义每天仍坚持到店里去尝尝包子的味道，看看顾客的反映。面对每天早上顾客盈门的场面，朱新义畅想以后去西安、去省外的其他地方开上几家分店。

技艺展示

蒸熟后的时辰包子面细皮白，小巧玲珑，呈僧帽状，油渗在包子底上，呈金黄色，香气袭人。

包包子也是个技术活

呈僧帽状的时辰包子

技艺教学

1. 和面

和面时采用精制面粉，根据当天的气温，加入适量的酵面、碱水和热水，揉搓成面团。

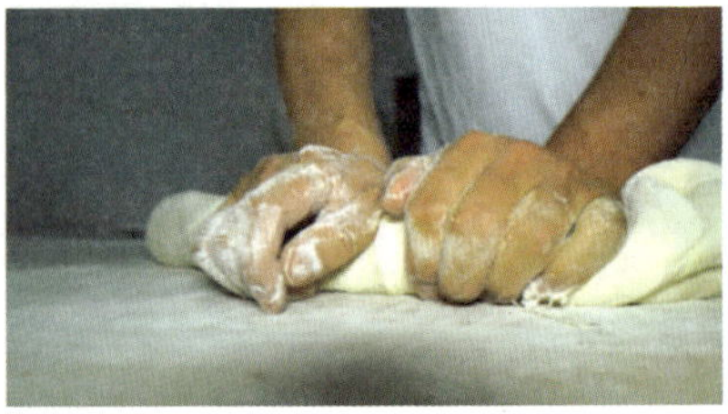

和面

2. 制馅

制馅时重选料，选用渭南市华州区特产赤水大葱，取中段切碎用菜籽油炒成葱油；大块猪板油，去掉油膜，切成黄豆大小的颗粒；将葱油和板油丁混合，撒入花椒、茴香等香料，加粗面粉搅拌均匀。

制馅

3. 蒸制

蒸好的包子色香味形俱佳，状如僧帽、小巧玲珑、周边洁白、包底金黄、肥而不腻、香味悠长。

蒸制

贰拾肆

潼关万盛园酱菜制作技艺·宋岗山

汲取黄河水，酿得酱菜香

酱菜虽然小，却能传承几百年，这就证明它有厚重的文化内涵。我后来搞潼关酱菜博物馆，就是为了更好地把潼关酱菜历史以及制作酱菜的老前辈们的事迹展示出来，让后人们看到。

——宋岗山

扫描二维码
欣赏传承人微纪录片

潼关万盛园酱菜

项目背景

潼关万盛园酱菜制作技艺

陕西省渭南市潼关县的酱菜制作始创于清康熙年间，相传是一个山西临猗人在潼关经营蔬菜和酱制品时，偶得妙法，创新而成，后经不断改进，制作技艺一直流传至今。

潼关酱菜是当地久负盛名的特产，腌制工艺复杂，制法考究。腌制用的盐笋必须是潼关当地河道中出产的铁杆笋。这种笋成熟后不空心，皮硬肉脆且不变形，是腌制酱笋的最佳原料。潼关酱菜的独特风味除了得益于独特的水土自然条件外，更重要的是复杂、严谨的工艺流程，其酱香浓郁，回味悠长，深受消费者喜爱。

2009年，潼关万盛园酱菜制作技艺被列入陕西省第二批非物质文化遗产名录。

2010年，宋岗山入选为陕西省第二批非物质文化遗产项目潼关万盛园酱菜制作技艺代表性传承人。

匠人故事

一切都是从故事里开始的

黄河从黄土高原进入陕西境内后，一直向南奔流而下，到了风陵渡对面的潼关县边上，向左拐了一个大弯，又昂首向东流去。有了黄河的阻隔，有了潼关的扼守，就有了陕西的千古屏障。潼关虽小，几千年来却一直是兵家必争之地。相比于历史上的著名关隘，潼关酱菜似乎不大吸引人的眼球，然而，当你在餐桌上发现这一佐餐食品时，也许你会被它吸引。

土地肥沃的潼关县

据说潼关酱菜是清初一个叫姚三才的山西临猗人发明的。潼关县就在黄河边上，这里土地肥沃，人们种植蔬菜的历史悠久，姚三才就是来这里做蔬菜买卖的商人。一个偶然的日子，一根青笋掉进店里的酱缸中，谁也没留意。过了几个月，当酱缸里的酱汁卖得快见底时姚三才才发现了这根青笋。姚三才切开了青笋，只见它已被腌渍得红黄剔透，试食之，仍爽脆如初，酱香浓郁。姚三才是个爱动脑筋的有心人，他由此受到启发，制作出了潼关酱菜。

值得一提的是，当年鲁迅先生也是潼关酱菜的拥趸。1924年，受陕西省省长的邀请，鲁迅先生来西北大学讲学，路过潼关时，下船到潼关品尝潼关酱菜。当时陪同鲁迅先生的是省教育厅的厅长王杰才等人。在饭桌上，鲁迅先生讲到他的叔祖父曾在潼关做官达25年之久，叔祖父回绍兴时常带潼关酱菜，他家也曾分得几篓。他这次之所以在潼关停留，就是想拾回当年叔祖父留给他童年的味觉记忆。鲁迅先生来潼关吃酱菜的事在他的日记里也有记录。

宋岗山的父亲是做酱菜的，他几乎就是在酱菜园里长大的。放学以后的宋岗山常和同学们去酱菜园，看着那一大片腌酱菜的海子，看着父亲和酱菜师傅们怎样做酱菜，也听父亲和酱菜师傅们讲姚三才和鲁迅先生的那两个故事。那两个故事在父亲和他的同事们嘴里有不同的版本，但有一点是共同的，他们谈起来时都会眉飞色舞，忘却了疲劳和辛苦，他们都为潼关酱菜和自己的酱菜事业而自豪。

在酱菜园里长大的宋岗山早早就熟悉了做酱菜这个行当，也对酱菜有了别样的感情。1979年，十来岁的宋岗山就顶替了退休的父亲，进酱菜园当了一名学徒工。

万盛园酱菜园

机会是自己创造的

如果没有更多的想法，日子也许会很平静，宋岗山可以像他的父亲那样平静地在酱菜园的大缸之间转去他生命的大部分时间，也可以在他担任的潼关县百货大楼领导的职位上平静地领取固定的薪水。然而，那一年当他学完省委省政府印发的文件后，就辞职不干了。百货大楼里的工作晒不着太阳、淋不着雨雪，但也拢不住宋岗山躁动的心，他搁不下自己的酱菜情节。宋岗山给家里添置了15口大缸，蒸了15缸面酱，他和妻子严格按照酱菜园的传统坚持每天搅晒。面酱做好了，人们都上家里来买，街上商店里的面酱一块钱一斤，宋岗山家的面酱比街上的贵两毛钱却依然销售得很好。卖面酱有了可观的收入，宋岗山却每天都要把钱收起来。妻子很不解，宋岗山说："我们要把每一笔收入都积攒起来，以后做大事情。"

宋岗山在闲暇时总会翻看酱菜腌制的情况

家里的面酱生意开始好了起来，宋岗山却没有拿挣到的钱去改善自家的生活，他几乎从零开始创建了万盛园酱菜公司。厂址是沟沿的荒僻地，建厂围墙的材料是他和妻子从建筑垃圾堆里拣出来的旧砖块，资金不足就四处筹借。

宋岗山妻子：只能好好干，只能往前走，没有退路。我们的钱不够，都是拿别人的钱在那里周转。当时五毛钱能买四五个西葫芦，我们就吃一个星期的西葫芦，生拌吃、炒着吃，就是这样过来的。

宋岗山和妻子就是这样聚沙成塔，用蚂蚁啃骨头的精神硬是一点一点把酱菜企业从当年的15口大缸发展到现在的1500多口大缸。

宋岗山承接了负担，顶住了压力，在酱菜发展的道路上给自己寻到了机会，终于使企业步入了良性发展的轨道。

前方总是有着迷人的风景

万盛园酱菜公司创建成功并进入正常的运转后，宋岗山的妻子和家人松了一口气。然而，宋岗山并没有停止思考，他在想：酱菜虽然小，却能传承几百年，这就说明它有厚重的文化内涵，有多少代人辛辛苦苦的传承与创新。老一辈人辛苦了一辈子，却连一个名字也留不下来；潼关的酱菜走了出去，而做酱菜的人的足迹却没能留下来。2010年，宋岗山被评为潼关万盛园酱菜制作技艺非遗传承人，他觉得把潼关酱菜的制作历史、把老一辈酱菜人的故事记录下来是自己的责任。于是他决定要创建潼关酱菜博物馆。

宋岗山创建的潼关酱菜博物馆，还原了古时酱园工作的情形

潼关万盛园酱菜非遗展馆

宋岗山：我把酱菜公司销售获得的盈利全部投入到了这个博物馆，投入博物馆以后对我的带动很大，我为此也着了迷。为啥着了迷？制作酱菜的这些技艺，老师傅过去的辛苦以及他们的传承精神感动了我，所以我对酱菜越来越有感情了。为博物馆收集展品也不容易，酱菜园老前辈用过的东西、酱菜园以前留存的实物，要花很长时间才能收到。连当年去巴拿马参加博览会获奖的酱菜盒子，我都想办法收藏回来展示在博物馆里，那是很有价值的镇馆之宝。

博物馆建成后，宋岗山对酱菜技艺的传承精神感染了更多的人。博物馆里展示着新中国成立以后三百多位酱菜园老前辈的名单和照片，他们的后人参观后大受感动，并纷纷回家寻找先人们留下来的遗物。酱菜园当年的老师傅张国案，在家人的搀扶下参观了潼关酱菜博物馆。老人眼里满溢着对潼关酱菜的感情，他在酱菜体验馆和酱菜技艺传习馆里打了打当年的算盘，体验了包装酱菜。这些体验过程被宋岗山拍摄后发在了短视频平台上，引起了更大的关注。

前方的风景总是迷人的，宋岗山没有停下自己的脚步。

宋岗山：潼关酱菜咋样才能发扬下去？我想搞成股份制推向社会，请社会上的能人来经营。另外是不能局限于传统酱菜生产，传统酱菜年轻人不喜欢，一是咸，二是买回家还得加工，太麻烦。要研发开袋即食的“四低”产品，也就是低盐、低糖、低色、低油，符合健康要求的产品。更重要的是通过淘宝、京东、抖音等网络平台向全社会推广。

一根青笋，百年传承；一种味道，万年飘香。潼关酱菜人不断汲取黄河的丰腴乳汁，把醇香的酱菜奉献给千家万户。

技艺展示

清代《内文献》记载："陕西潼关久著历史，而城内外潼河沿岸水土优美，所产之酱笋酱菜为全省之冠，被列为贡品。万盛园自清道光年间，专制新品，历百余年，精益求精。"

酱笋

技艺流程

1. 选料

腌制用的盐笋必须是潼关河道出产的青笋（铁杆笋）。这种笋不同于一般的菜笋，皮硬肉脆且不变形，是腌制酱笋的最佳原料。

选料

2. 刮皮、剁节

挑选粗细均匀的青笋，用刀刮去外皮，保留内层硬皮，切除根节、根梢，剁成小节以备腌制。

刮皮、剁节

3. 盐水浸泡、清水拔盐

用浓盐水腌制青笋后，再用清水浸泡，将盐降至恰当浓度。

盐水浸泡，清水拔盐

4. 四道腌制

依次将处理过的笋段浸泡于三道不同的面酱，吸收面酱中的营养物质，增香、增色，最后入第四道新鲜面酱封存。

四道腌制

后记

我年轻时也做过文学梦，但直到多年后从事非物质文化遗产记录、保护和传播工作，见到各地的非遗项目代表性传承人时，这个梦才有了轮廓和血肉。但当我真正提起笔来，却觉得如椽沉重，唯恐有失，因为非物质文化遗产这个题目太大了。

初识非遗是一个极其偶然的机会。2011 年，我与陕西省旅游局合作打造了一档视频点播节目《旅游搜视》，定位为宣传美丽陕西的窗口，为观众提供丰富实用的旅游资讯，展示、宣传陕西文化旅游资源。在制作节目的过程中，我初次接触到了非物质文化遗产，也了解了许多陕西非遗传承人的感人故事，从此便和非遗结下了不解之缘。

2017 年，我在北京从事其他工作期间，心里还会不时地想起陕西非遗的事情，挂念着那些熟悉的非遗传承人。我当时在北京也多少了解了一些全国其他地方的非遗情况，觉得陕西作为非遗大省，资源丰厚，做非遗传承方面的事业将大有可为。于是，2018 年我便毅然回到陕西，重新组建团队，将镜头聚焦到陕西的非遗项目和传承人。这几年，我们团队走访了全省 10 个地市近百个区县，与数百位非遗传承人，如秦腔传承人李爱琴、马友仙、马蓝鱼、康少易、卫赞成，凤翔泥塑传承人胡深、胡新明，凤翔木版年画传承人邰立平，澄城尧头窑陶瓷烧制技艺传承人周铁怀，凤翔豆花泡馍制作技艺传承人董连绪，西安鼓乐传承人何忠信等面对面交谈，详细了解他们的技艺传承和生活状况。逢年过节，我们团队也会专程去拜访这些非遗传承人，给他们送去节日的祝福。在这个过程中，我们时常会被传承人的精神世界所感染和打动。2019 年春节，我们团队和文化界的一些老领导一起去慰问澄城尧头窑陶瓷烧制技艺传承人周铁怀，看到他仍住在 20 世纪 80 年代盖的平房里，夫妻残疾，家境贫寒，但仍然坚守着祖上留下的传统技艺，不离不弃，无怨无悔，这让我们深受感动。泥塑大师胡新明逢人就讲党和政府对自己的帮助和扶持，讲怎样才能带领全村人共同致富，唯独不愿讲自己的功劳。让人尊敬的传承人不胜枚举，看到他们当下的生存环境和发展现状，我很是担忧。

目前，陕西省共有 4 个非遗项目入选联合国教科文组织《人类非物质文化遗产代表作名录》，国家级非遗项目 87 个，省级非遗项目 674 个，市级非遗项目 1998 个，区县级非遗项目 5249 个；国家级代表性传承人 78 位，省级代表性传承人 572 位，市级代表性传承人 1700 余位，区县级代表性传承人 5000 余位。陕西拥有庞大的非遗资源，非遗保护工作任重道远。非遗传承人大多生活在乡村和偏远地区，他们中的大多数年纪大、身体差、文化程度低、家境贫寒，还有很多传承人因各种原因无奈中途放弃了自己热爱的非遗技艺。2018 年开始，我们团队策划拍摄百集陕西非遗微纪录片《匠人故事》《丝路匠心》，每集 6~10 分钟，目前已经全部拍摄制作完成。同年，我又策划并创办陕西省非物质文化遗产网，为宣传、推广非遗搭建了一个融媒数字平台，通过文字、图片、音频、视频等多种形式宣传陕西省非遗项目和传承人。我们还在此平台的基础上利用VR（虚拟现实）技术、720°全景技术打造了陕西省非物质文化遗产数字博物馆，将省、市、县（区）线下非遗陈列馆“搬”到线上，形式更鲜活，内容更丰富。同时，我们还推出了全国首家“非遗+全景+电商”的融合平台，观众在浏览线上非遗展馆的过程中如果点击非遗展品热点，即可跳转到购买界面，形成24小时非遗展品线上销售平台，为非遗传承人打开了直面消费者的窗口。

2019年，我又筹措资金对陕西省非物质文化遗产网进行了升级，升级后的平台结构更合理、内容更丰富、速度更快捷，分为“非遗映像”“云赏非遗”“薪火相传”“全域非遗”“非遗智库”“非遗好物”六大版块，真正成为我省首个创新实现陕西非物质文化遗产资源宣传、共享、交易的综合数字智慧平台。目前网站已建设了32个全景线上非遗展示陈列馆，在全国同类非遗网站平台中处于领先的地位。2020年疫情期间，我们的非遗网站为观众提供了丰富的精神食粮，点击率颇高，成为百姓足不出户就能了解陕西非遗展馆的通畅渠道和途径。同年，由我们团队主导、策划并申报的“搭建陕西省非物质文化遗产展示、传播、交易、服务产业平台”项目经陕西省文化和旅游厅上报，陕西省委宣传部组织专家严格评选后，最终入选陕西省委宣传部2020年省级文化产业发展项目。目前，陕西省非物质文化遗产网已逐步成为陕西省“智慧文旅”的重要组成部分。

现在，每天都有来自全国各地的电话咨询非遗讯息和研学情况，也有清华、北大的社团来到我们公司实地考察、交流。看到很多人从这个平台上获得了他们需要的内容，我也得到了些许安慰。

从2017年参与国家文化和旅游部关于国家级非物质文化遗产代表性传承人抢救性记录工程以来，我深深地感受到以非遗传承人为核心的抢救性记录工作的重要性和紧迫性。面对易逝的年华，我们唯一能做的就是与时间赛跑，抢救、保护、记录我们珍贵的文化遗产，这其中的点点滴滴，令人难忘。剪纸艺术大师、民间工艺美术大师、国家级非物质文化遗产项目延川剪纸代表性传承人高凤莲因病于2017年1月20日在延安逝世，距离我们刚刚录制拍摄完《匠人故事·高凤莲》仅一月有余。2019年10月，省级非遗项目长武庙宇泥塑礼仪记录工程启动后半年多时间，传承人张俊英老人便因病离世，但值得慰勉的是，我们在老人去世前已经完成了全部采录工作，给张俊英老人和他的家人以及这项民间技艺留下了永恒传世的影像记录。2020年年初，新冠肺炎疫情暴发，我得知西安鼓乐传承人何忠信得了较为严重的病，心里十分难受。西安鼓乐是陕西省唯一独立申报并入选联合国教科文组织《人类非物质文化遗产代表作名录》的非遗项目，而何忠信是比较年轻且技术很全面的国家级传承人，他带领的鼓乐社也极具代表性。但他的年龄不到70岁，没有达到国家级非遗传承人抢救性记录工程的记录标准，我决定抢先一步进行抢救性记录。疫情稳定后，我立即安排团队按照国家相关标准对何忠信进行全面的数字化抢救性记录。何老师不顾有恙在身，不畏严寒，积极地配合我们进行繁杂的拍摄，组织乐社几十人不间断地排练，使我们成功地完成了西安鼓乐四个套曲的拍摄录制。何老师告诉我们，他的身体不重要，把世界级的珍贵遗产留下来传给后人，不让它失传了比什么都重要。经过两个多月的努力，我先后筹措近30万元，终于完成了前期采访和全部录制工作，我一直悬着的那颗心也终于放下了。2021年5月27日早晨7点多，我们驱车前往韩城采访韩城行鼓传承人程勤祥，在高速路上却接到了程老师已于前一日病逝的噩耗。一切来得太突然，我们整个团队在车里不知所措，深感悲伤与懊悔。回想前几天我们才刚刚与程老师确定了拍摄大纲和拍摄时间，如今却阴阳相隔，这一次我们败给了时间，留下了遗憾。

在做非遗的这几年里，总会有朋友这样问我：你们是民营企业，企业追求的是效益最大化，做非遗都是花钱的事情，企业能有多大的效益？面对朋友，我难以回答，只能说是举步维艰，顽强坚守，资金的捉襟见肘是常有的事。我的儿子在国外读书，心里却常常挂念着我，因为时差的缘故，加上我整天忙碌，我们通话的机会少之又少。有一次，儿子得知我住院了，非常着急："妈妈，你可千万要保重身体，这样我在学校才能安心学习。"我如鲠在喉，为了让儿子放心，我硬是把眼泪憋了回去。儿子最后嘱咐我："妈妈，你不要那么累，我不反对你做非遗的事情，如果太艰难，就把北京的房子卖掉，身体最要紧。"这次我的眼泪再也忍不住了，哗哗地流了下来。2019 年 4 月，我们团队接到了陕西省文化馆交来的 6 个秦腔国家级传承人的记录工程，要求 9 个月内完成任务，时间紧迫，我也跟着跑前跑后，因为过度劳累不小心感冒，没有顾得上吃药，越拖越严重，后来咳嗽不止，气都喘不上来。有一天，我跟陕西省非遗保护中心副主任修建桥和非遗专家李红军老师一起去宝鸡文化馆出差，我在车上咳嗽不止，最后竟咳出了血。李老师看到后又惊又急，当时我也感到了害怕，出差回来就直接住进了医院，最后被诊断为肺炎，住院半月之久才痊愈。这么多年来，我一直想着多为陕西非遗做些事情，为此吃了不少苦，也受了不少难。四年中我卖掉了两套房子和北京、西安的两处车位，才维持了公司的生存和平台的运转及更新。我们团队近 20 名员工个个都有着深厚的非遗情怀，看到他们的敬业和执着，我没有理由却步。

近年来，我看到互联网、短视频发展迅猛，于是同步在抖音等平台开设了“陕西非遗传承”新媒体矩阵，上传非遗类短视频上百部，策划运作多场非遗传承人及公共文化内容直播活动，目的在于创立更多的平台为陕西非遗和传承人发声、代言。截至目前，我们已有粉丝5万多人，视频播放量近1000万次，视频点赞量50多万次。

一个家庭不能没有相册，一个国家不能没有纪录，一个民族不能没有传承。《一人，一技，一生：三秦非遗守艺人》丛书包含600多张反映陕西非遗及传承人现状的高清纪实图片，100多个关于技艺与记忆的视频，为大家讲述陕西非遗传承的精彩故事。我希望这套书能够把陕西非遗传承人执着坚守的精神传递给读者，让更多人在聆听跨越古今的传承故事中，感受传统文化的魅力与社会价值。

在这里，感谢领导、专家、学者对我们的关注和指导，感谢广大非遗传承人对我和我们团队工作上的支持和帮助，感谢我的团队里的每位成员的付出和努力，感谢我的家人的理解和全力支持，感谢陕西人民教育出版社的领导和编辑对陕西非遗的热心和对此书的倾力付出！

华　洁

2021年9月于西安